この問題集の特長——

どうにもこうにも書けない。そんな子どもたちを救う本！

僕はとにかく、文章を書くのが苦手。手が動かない。「作文」が書けない。「感想文」も書けない。もちろん、「読解問題の記述答案」も書けない。ちょっとは、書けるときもある。

いや、私は、そこまでひどくはない。でも、分かりやすい文章を書けているかと言えば、自信がない。書くのが楽しいと思ったことは、あまり多くはない——。

そんな子どもたちの「困った」を解消する、手ごたえのある一冊。それが、この本です。

「あらゆる文章」が書けるようになる！

ただし、この本は、「作文の書き方」の本ではありません。「感想文の書き方」の本でもありません。「読解記述答案の書き方」の本でもありません。

そうではなくて、この本は、「あ・ら・ゆ・る・文章の書き方」の本です。おそらく、これまでどこにもなかったタイプの問題集です。

それがいったいどういう意味なのかは、ページをめくるたびに、明らかになることでしょう。

喜びと驚きの声、続々！

「ふくしま式200字メソッド」には、喜びや驚きの声が、たくさん届いています。

「どう書けばいいかが決まっているので、安心感があります」（小五女子）、「言いたいことをはっきり書けるようになった気がする」（小四男子）、「半信半疑だったが、文章を読むたびにこの型を意識するようになってから、どの文章の骨組みもたしかにこの型で書かれているということに気がつき、驚いた」（じゅこうし）とにかく、えん筆が動く喜び。書きあげた文章を相手に届く文章をつむぐ楽しさ。満足感——そういう声の満足感は絶ちません。

さあ、今度はあなたの番

目次・もくじ

ふくしま式200字メソッド「書く力」が身につく問題集［小学生版］

- 「書く力」とは何か？ ▼4
- 「3つの力」とは何か？ ▼5
- これが「ふくしま式200字メソッド」だ！ ▼7
- この問題集の対象、特長、使い方 ▼8

パート① お手本を書き写す

1 レベル1 ① ▼10
2 レベル1 ② ▼12
3 レベル1 ③ ▼14
4 レベル1 ④ ▼16
5 レベル2 ① ▼18
6 レベル2 ② ▼20
7 レベル2 ③ ▼22
8 レベル3 ① ▼24
9 レベル3 ② ▼26
10 レベル3 ③ ▼28
11 レベル3 ④ ▼30

- 「日記」への応用方法は、ズバリこれ！ ▼32

パート② 一部を自力で書く

1 くらべて書く ① ▼34
2 くらべて書く ② ▼36
3 くらべて書く ③ ▼38
4 くらべて書く ④ ▼40
5 くらべて書く ⑤ ▼42
6 たどって書く ① ▼44
7 たどって書く ② ▼46
8 たどって書く ③ ▼48
9 たどって書く ④ ▼50
10 たどって書く ⑤ ▼52
11 言いかえて書く ① ▼54
12 言いかえて書く ② ▼56
13 言いかえて書く ③ ▼58
14 言いかえて書く ④ ▼60

パート③ よりよい文章にレベルアップさせる

- 15 言いかえて書く⑤――「行事作文」への応用方法は、ズバリこれ！ …… 62
- 1 くらべる力――対比関係を整える① …… 66
- 2 くらべる力――対比関係を整える② …… 68
- 3 くらべる力――対比関係を整える③ …… 70
- 4 たどる力――因果関係を整える① …… 72
- 5 たどる力――因果関係を整える② …… 74
- 6 たどる力――因果関係を整える③ …… 76
- 7 言いかえる力――同等関係を整える① …… 78
- 8 言いかえる力――同等関係を整える② …… 80
- 9 変形バージョン――「ア」だけを説明する① …… 82
- 10 変形バージョン――「ア」だけを説明する② …… 84
- 11 変形バージョン――対比の文を対比する …… 86
- 12 観点の質を高める① …… 88
- 13 観点の質を高める② …… 90
- 14 観点の質を高める③ …… 92
- 15 題材の質を高める …… 94
- ●「読書感想文」への応用方法は、ズバリこれ！ …… 96

パート④ 全体を自力で書く

- 1 指定された題材で書く① …… 98
- 2 指定された題材で書く② …… 100
- 3 指定された題材で書く③ …… 102
- 4 指定された観点で書く① …… 104
- 5 指定された観点で書く② …… 106
- 6 完全に自由に書く① …… 108
- 7 完全に自由に書く② …… 110
- ● ハイレベルな「読書感想文」を書くためにできること …… 112

パート⑤ 要約力を身につける

- 1 説明的文章を要約する① …… 114
- 2 説明的文章を要約する② …… 116
- 3 説明的文章を要約する③ …… 118
- 4 文学的文章を要約する …… 120
- 5 要約文をレベルアップさせる① …… 124
- 6 要約文をレベルアップさせる② …… 126
- ●「読解問題」への応用方法は、ズバリこれ！ …… 128
- ● 解説 …… 129

ブックデザイン／村﨑和寿

「書く力」とは何か?

「書く力」って何ですか?

こう問われて、自信を持ってすぐ答えられる人は少ないでしょう。

たとえば、「分かりやすい文章を書く力」「説得力のある文章を書く力」などという答えが返ってきそうですが、そのような答えでは、じゃあどうすれば分かりやすく説得力のある文章を書けるのか、そのためにどんな「書く力」が必要なのか、という疑問がわき、初めに戻ってしまいます。

でも、安心してください。この本には、その答えがあります。

「書く力」とは、論理的思考力の一部です(下図参照)。それが、「書く力」です。

すなわち、論理的に考えながら書く力。「言いかえながら書く力」「くらべながら書く力」「たどりながら書く力」。この3つが「書く力」の実体であり、この3つが「分かりやすさ」や「説得力」を生み出すのです。

そもそも、国語力とは、論理的思考力のことです。

そして、「力」とは、技術を使いこなす能力のことです。

ですから、論理的思考力とは、「論理的に考えるための技術を使いこなす能力」であると言えます。

論理的に考えるというのは、単純に言えば、**整理して考える**ということです。そして、その整理の技術が、3つあるというわけです。

「3つの力」の詳しい意味はあとで述べるとして、ここではもう1つ、「技術」について述べます。

技術は、**型・方法**などと言いかえることができます。

「書く技術」とは、「書くための型・方法」のことです。

それは、形あるものであり、真似できる。ここが肝心です。

世の中にある「書き方」系の本・問題集は、一見、力がつきそうに思えても、何をすればよいのかがあいまいで真似しづらいため、結局は目に見える成果が上がらないものが多いのです。

技術とは、真似できるものでなければなりません。そして、書く力を伸ばす問題集は、とことん真似させるものでなければなりません。

そうです。

この本の最大の特長。

それは、**「真似」にこだわっている**ということなのです。

ただし、その仕組みについては8ページで述べるとして、ここでは、「3つの力」について詳しく見ていくことにしましょう。

国語力=論理的思考力

- 言いかえる力
- くらべる力
- たどる力

聞く力 / 読む力 / 書く力 / 話す力

受信力 / 発信力

「3つの力」とは何か？

論理的思考力の内実である、「3つの力」。その本質的な意味を説明します。

言いかえる力……同等関係整理力（※抽象と具体の関係）
くらべる力……対比関係整理力
たどる力……因果関係整理力

言いかえる力──同等関係整理力

〈抽象〉果物
〈具体〉バナナ

樹木の実（果物）、甘い、黄色い、長細い、……
　特徴を引き出す←〈抽象化〉　特徴を与える→〈具体化〉
樹木の実（果物）

抽象化とは、絵に描きにくいような表現に言いかえること。同時に他の特徴を捨てること。固有の特徴を引き出し、絵に描きやすいような表現に言いかえること。固有の特徴を与えること。

「言いかえる力」とは、単語、文、文章を抽象化・具体化することによ

り、発信者の抱いているイメージを受信者に対しありのままに届ける（あるいは受信者がありのままに受け取る）ための力です。

「バナナ、つまり果物」の場合、バナナの中の「甘い」「黄色い」といった特徴を捨て（＝捨象して）、「樹木の実（果物）」という特徴を引き出した（＝抽象した）ことになります。逆に、「果物、たとえばバナナ」というのは、その正反対の操作、つまり具体化です。

なお、「みかん・ぶどう・バナナ、つまり果物」を引き出したことになります。それぞれに共通する特徴（共通点）である「果物」を引き出したことになります。これも、抽象化です。

上図は、意味の広さを表しています。ペン、筆記用具、文房具の順に、「抽象度」が上がっています。意味が広がり、抽象化されているということです。正反対に見れば、それは具体化です。筆記用具は、文房具とくらべれば〈具体〉※ですが、ペンとくらべれば〈抽象〉です（※〈具体〉は、具体的なもの、という意味）。

抽象的か具体的かの判断は、このように、何と比較するかで変化します。

くらべる力──対比関係整理力

次の4つの文章を、注意深く読んでみましょう。

① 「このボールは大きい。それに対して、あのボールは小さい」
② 「このボールは軟らかい。それに対して、あのボールは硬い」
③ 「このボールは大きい。それに対して、あのボールは硬い」
④ 「このボールは大きくて軟らかい。それに対して、あのボールは小さい」

① **対比の観点**は「大きさ」。② は「軟らかさ（硬さ）」。これらはどちらも、**対比関係が成立**しています。

しかし、③ は観点がずれていますので、対比関係が成立しません。④ は、「大きい・小さい」という反対語により、1つの対比が成立していますが、もう1つの対比である「軟らかい・硬い」の観点が後半だけ消えています。そのため、バランスの悪い文章となっています。

「それに対して、あのボールは小さくて硬い」とすることにより、バランスのとれた対比の文章となります。

対比関係の整理とは、このように、「**観点**」を**統一**し「**バランス**」を**整え**ながら発信・受信していくことを意味します。

なお、対比はいつも「**正反対**」である必要はありません。「冷たい」の正反対は「熱い」ですが、「ぬるい」でもよいわけです（これを、「ワンセット」の対比と呼んでいます）。

ただし、次の②のようなタイプは注意しなければなりません。

① 「日本はもう朝だ。」
② 「日本はもう朝だ。しかし、アメリカはまだ夜だ」
③ 「日本はもう朝だ。しかし、まだ空は暗い」

① は明確な対比ですが、② は対比があいまいです。③ は①のような対比を生かして文章を書く際には、意識的に①のような文を作る必要があります。そこで、必要不可欠になるのは、**反対語・否定表現**です。

反対語……重い ↔ 軽い
否定表現……重い ↔ 重くない

このどちらかを意識することで、対比を作りやすくなるのです。

たどる力——因果関係整理力

① 分煙されていない
  だから → なぜなら
② 子ども連れが入りづらい
  だから → なぜなら
③ 分煙すべき

原因 → 結果
結果 ← 原因

③ ↔ ② ↔ ①　各駅停車
③ ↔ ①　急行列車

原因と結果の関係を、**因果関係**と言います（※根拠と結論の関係などもほぼ同じ）。「因果関係が成立する」とは、「なるほどと思える」ということです。10人中8人が「なるほど」と思えるかどうか（＝**客観性**が高いかどうか）。これが、正しい因果関係の1つの基準になります。

右の図で、「分煙されていない、だから、分煙すべき」①→③と一見正しく思えますが、「なぜ？」「理由が足りない」と思う人もかなり残ります。肝心なのは、②を**ジャンプ**しないことです。「①→③」または「③→①」、どちらの方向の場合でも、「②」が抜けないようにする（＝各駅停車にする）というのが、「**たどる力**」の最重要ポイントです。ただし、会話などでは、あえて急行列車を選択することがあります。右の分煙の例で、店員が店長に主張する場面なら、「②」を抜かしても話が通じるはずです。この「駅」は店員と店長の間で暗黙の「常識」だからです。発信者と受信者の間に共有された「常識」は、むしろジャンプし、「たどらない」ほうがスムーズになることもあります。

このように、急行列車と各駅停車を必要に応じ使い分ける力を、「**たどる力**」と呼びます。

これが「ふくしま式200字メソッド」だ！

「ふくしま式200字メソッド」を使えば、それが主張や意見を含むものである限り、あらゆる文章を最も効率的・効果的に表現できます。

言うまでもなく、あらゆる主張は「根拠→結論」の型で表現されます。

そして、「根拠」は常に対比関係になります。「アではなくイ」「アよりもイ」というように、「何かを否定し、何かを肯定する」「何かをマイナス評価し、何かをプラス評価する」というのが、対比関係です。あらゆる結論は、そういう対比（二項対立）を根拠にして、導かれるわけです。

ふくしま式 200字メソッド

アは、1（な）ため、Aである。 （約70字）

しかし、イは、2（な）ため、Bである。 （約70字）

←→ 対比関係（くらべる力）

因果関係（たどる力）

だから、アよりもイのほうがCであると言える。 （約60字）

根拠 → 結論

同等関係（言いかえる力）は、内容を具体化・抽象化する際に不可欠です（54〜63ページなどを参照）。

そもそも、「分かる」とは「分ける」ことです。

遠くから見覚えのある人が近づいてくる。それがケンジなのかユウタなのか「分からない」。ケンジのメガネはふちが赤色だが、ユウタは茶色だ。さらに近づいたとき、ふちが赤色だと「分かり」、それがケンジだと「分かった」——。

これは、区別・判別・識別できた瞬間です。「分けられた」「二分された」瞬間です。正反対かどうかはさておき、分けられたものは対比関係にあります。

このように、あらゆる「理解」は、対比によってもたらされます。

そして、結論を支える根拠は、「なるほど」と思えるものでなければなりません。つまり、「理解」できるものでなければなりません。

そのためにこそ、根拠を対比関係で説明することが不可欠になるのです。

ところで、「200字」という数値は、あくまでも目安です（上の図の「約70字」及び「約60字」についても同様）。

とはいえ、文章の骨組み（抽象的な部分）及び肉付け（具体的な部分）のバランスを整えていけば、多くの場合、その字数前後に収まっていきます。

初めのうちは骨組み中心で書きますから、実際には100字程度になります。

この問題集の対象、特長、使い方

この問題集は「小学生版」と書かれていますが、本来、「書く力」は校種・学年などに限定されるものではありません。幅広く誰にでも役立つ本であると言えます。ですから、この本は、大人にも役立ちます。

大人
高校
中学
小6
小5
小4
小3
小2
小1

さて、先にも述べたように、この本の特長は「真似」にこだわっているということです。

パート1は、すべてを真似して書く。
パート2・3は、一部を真似し、一部を自力で書く。パート4は、全体を自力で書く。

このように、かなりの比重で、「真似」が組み込まれています。「学ぶ」の語源は「真似ぶ」ですから、これは当然のことであるとも言えます。

塾の指導の場でひごろ子どもたちに文章を書かせていて最も痛感するのは、「この子たちはお手本を持っていない」ということです。

パート1	お手本を書き写す
パート2	一部を自力で書く
パート3	よりよい文章にレベルアップさせる
パート4	全体を自力で書く
パート5	要約力を身につける

いわば、理想のゴールが見えないのが、この本なのです。それを与えようというのが、この本なのです。なお、パート5は、自分の言葉ではなく他者（筆者・作者）の言葉を再構成（受信して発信）するプロセスです。ここでも、真似を重視しています。

《使い方の注意点》

・原稿用紙タイプの記入欄は本を開いたときの両端に寄っているのを防ぐためです。本の中央が盛り上がって書きづらくなるのを防ぐためです。

・この本では、読みやすさに配慮して、縦書きの箇所でも随所に算用数字が使われていますが、原稿用紙に書く場合は算用数字ではなく漢数字を使うのが原則ですので、それに準じてください。

・たとえば、 A の箇所に「白い」と書くとします。単に「白い」とする必要はありません。単に「白い」と書く場合、「白いのである」などとする必要はありません。型はあくまでも型ですから、不可欠な場合は手を加えてください。

・ ア などの囲みの幅は、言葉の長さ（文字数）とは無関係です。基準は、 ア を「ア」または「ア」と表記することがあります。

・「ポイント」や「解説」では、点数ではなくA〜Cにマルをつける形で行います。

・評価は、点数ではなくA〜Cにマルをつける形で行います。

★必ず、130・131ページも読んだ上で、始めてください。

なお、この本の内容は、下記の本に準じています。合わせて読めば、鬼に金棒！ぜひお読みください。

"ふくしま式
200字メソッド"で
「書く力」は
驚くほど伸びる！
（大和出版）

パート①
お手本を書き写す

☆ 200字メソッドの基本の型に慣れるために、まずは書き写す練習から始めます。進め方は、次のとおりです。このとおりに進めることで、200字メソッドの型をいち早く身につけられます。

❶ 〈お手本〉を一読する。
❷ 〈お手本〉の中に、型の区切りめを示す／（スラッシュ）と、接続語を示す◯を書き加えながら再読する（「ポイント」に書かれたとおりの位置に書くこと。ただし、❺では一マス使わずに、マスとマスの境に書きこむこと）。
❸ 〈お手本〉を読む（音読または黙読※）。
❹ ❸で暗唱できた範囲は、見ないで書く）。
❺ ここで初めて、〈お手本〉を書き写す（❸で暗唱した文章の中に、先ほどと同様、／と◯を書き加えながら、読み直す。

※声に出さずに読むこと

☆ 書き写す際、未習の漢字をひらがなに直すなどしてもかまいませんが、なるべくそのまま書くように努力しましょう（ひらがなが多すぎると、マスの数が不足します）。
また、もともと薄く印刷されている文字がある場合は、なぞって書きましょう。

☆ 原稿用紙タイプのマスめは、次のように正しく使いましょう。

① 句点（。）と読点（、）は、それぞれ一マス使う。
② かぎ（かぎかっこ）「 」も、それぞれ一マス使う（下図参照）。
③ ただし、句読点や」が行頭にくるときは、前の行の最後のマスに収めるか、そのマスの外に出す。
④ 段落の最初は一マス空ける。

パート①
1 レベル1①

① 〈お手本〉の文章を、書き写しなさい。

〈お手本〉
シャーペンは、しんが折れやすい。
しかし、えん筆は、しんが折れにくい。
だから、シャーペンよりもえん筆のほうが、力を入れて書くことができる。

基本の型

アは、1（な）ため、Aである。
しかし、イは、2（な）ため、Bである。
だから、アよりもイのほうがCであると言える。

●ポイント●

シャーペンは、／しんが折れやすい。
　ア は　　　　A である

しかし、えん筆は、／しんが折れにくい。
　　　　　イ は　　　　B である

だから、シャーペンよりもえん筆のほうが、／力を入れて書くことができる。
　　　　ア よりも　　イ のほうが　　　　C であると言える

● 「1」「2」のパーツを基本の型から抜き、シンプルにした形です。

① 月　日
② 月　日

② 〈お手本〉の文章を、書き写しなさい。

〈お手本〉
えん筆は、けずる必要がある。
しかし、シャーペンは、けずる必要がない。
だから、えん筆よりもシャーペンのほうが、テストなどには向いているだろう。

（書き写し欄）
えん筆は、
しかし、
だから、

●ポイント●

えん筆は、／けずる必要がある。
　　ア は　　　A である

しかし、シャーペンは、／けずる必要がない。
　　　　イ は　　　B である

だから、えん筆よりもシャーペンのほうが、／テストなどには向いているだろう。
　　　　ア よりも　イ のほうが　　　C であると言える

● 「けずる必要がない、だからテストに向いている」というのは、本来は理由不足です。「テスト中は、けずっている暇がない」などの理由が、省略されています。

パート①
2 レベル1 ②

1 〈お手本〉の文章を、書き写しなさい。

> サッカーは、
> だから、
> 一方、

〈お手本〉
サッカーは、試合中に走る量が多い。一方、野球は、試合中に走る量が少ない。だから、サッカーよりも野球のほうが、つかれにくいスポーツであると言えるかもしれない。

基本の型

アは、1（な）ため、Aである。しかし、イは、2（な）ため、Bである。だから、アよりもイのほうがCであると言える。

●ポイント●

サッカーは、／試合中に走る量が多い。
　　ア は　　　A である

一方、野球は、／試合中に走る量が少ない。
　　　　イ は　　　B である

だから、サッカーよりも野球のほうが、／つかれにくいスポーツであると言えるかもしれない。
　　　　ア よりも　　イ のほうが　　C であると言える

① 月　日
② 月　日

12

❷ 〈お手本〉の文章を、書き写しなさい。

〈お手本〉
暗算や筆算で計算すると、答えをまちがえることがある。一方、計算機で計算すれば、答えをまちがえることはない。だから、金額などの大切な計算をするときは、暗算や筆算で行うよりも、計算機を使うほうがよい。

●ポイント●

暗算や筆算で計算すると、／答えをまちがえることがある。
　ア は　　　　　　　Ａ である

一方、計算機で計算すれば、／答えをまちがえることはない。
　イ は　　　　　　　Ｂ である

だから、金額などの大切な計算をするときは、／暗算や筆算で行うよりも、
　　★ のときは　　　　　　　ア よりも

計算機を使うほうが／よい。
　イ のほうが　　　　　Ｃ であると言える

● 「アは」……「暗算や筆算で計算する場合は」と言いかえれば分かりやすいでしょう。
● 「★のときは」……説明を加えたい場合、こういったパーツを入れます（131ページ参照）。

パート① 3 レベル1 ③

1 〈お手本〉の文章を、書き写しなさい。

〈お手本〉

けんかのとき、妹は泣いていた。
でも、妹の友だちは泣いていなかった。
だから、お母さんは、妹よりもその友だちのほうが先に手を出したのだろうと思い込んでしまった。

基本の型

アは、1（な）ため、Aである。
しかし、イは、2（な）ため、Bである。
だから、アよりもイのほうがCであると言える。

●ポイント●

けんかのとき、／妹は／泣いていた。
　★のとき　　アは　Aである

でも、妹の友だちは／泣いていなかった。
　　　イは　　　Bである

だから、お母さんは、妹よりもその友だちのほうが／先に手を出した
　　　　　　　　　アよりも　イのほうが

のだろうと思い込んでしまった。
　Cであると言える

① 月　日
② 月　日

❷

〈お手本〉の文章を、書き写しなさい。

〈お手本〉
　ハムスターは、手で直接ふれることができる。でも、熱帯魚は、手で直接ふれることはできない。だから、熱帯魚よりハムスターのほうが、かうのが楽しくなると思う。

●ポイント●

　ハムスターは、／手で直接ふれることができる。
　　　ア は　　　　A である

　でも、熱帯魚は、／手で直接ふれることはできない。
　　　　　イ は　　　B である

　だから、熱帯魚よりハムスターのほうが、／かうのが楽しくなると思う。
　　　　　　イ よりも ア のほうが、　　　C であると言える

● 2文めの冒頭は、「しかし」のほかにも、「一方」「でも」「それに対して」など、対比関係を示す接続語の中からちょうどよいと思えるものを選んで使うことができます。
● 上の文章は3文めが「イよりもア」となっており、基本の形の逆ですが、これでもかまいません。読み手に意味が届きやすい順序にするため、入れ替えてもよいわけです。

パート① レベル1 ④

1 〈お手本〉の文章を、書き写しなさい。

〈お手本〉
土曜日は、次の日が休みである場合が多いため、気が楽だ。
一方、日曜日は、次の日が休みではない場合が多いため、あまり気が楽ではない。

基本の型

アは、1（な）ため、Aである。
しかし、イは、2（な）ため、Bである。
だから、アよりもイのほうがCであると言える。

●ポイント●

土曜日は、／次の日が休みである場合が多いため、／気が楽だ。
　ア は　　　1 なため　　　　　　　　　　A である

一方、日曜日は、／次の日が休みではない場合が多いため、／
　　　　イ は　　　2 なため

あまり気が楽ではない。
B である

●ここから、「1」「2」のパーツが入ります。まずは、3文めを抜いて練習します。

❶ 　月　　日
❷ 　月　　日

❷ 〈お手本〉の文章を、書き写しなさい。

〈お手本〉
レモンは酸味が強いため、そのまま食べる人は少ない。一方、グレープフルーツは酸味がさほど強くないため、そのまま食べる人も多い。

●ポイント●

レモンは／酸味が強い（ため）、／そのまま食べる人は少ない。
　ア は　　1 なため　　　A である

一方、グレープフルーツは／酸味がさほど強くない（ため）、／そのまま食べる人も多い。
　イ は　　　2 なため　　　　B である

パート① 5 レベル2 ①

1 〈お手本〉の文章を、書き写しなさい。

〈お手本〉

海は波があり、底の深さが一定でないため、危険性が高い。しかし、プールは波がなく、底の深さが一定であるため、危険性が低い。だから、海よりもプールのほうが、初心者が泳ぐ場所としては適していると言える。

基本の型

アは、1（な）ため、Aである。しかし、イは、2（な）ため、Bである。だから、アよりもイのほうがCであると言える。

●ポイント●

海は／波があり、底の深さが一定でないため、／危険性が高い。
　ア　は　1　なため　　　　　　　　　　　　　A　である

しかし、プールは／波がなく、底の深さが一定であるため、／
　　　　　　イ　は　　2　なため

危険性が低い。◆だから、海よりもプールのほうが、／初心者が
　B　である　　　　　　　　　　　ア　よりも　イ　のほうが

泳ぐ場所としては適していると言える。
　C　であると言える

◆は改行

❶ 月　日
❷ 月　日

18

2 〈お手本〉の文章を、書き写しなさい。

〈お手本〉
海は広いため、周りを気にすることなく、自由に泳げる。しかし、プールは狭いため、周りを気にしながら泳ぐことになり、不自由だ。その意味では、プールよりも海のほうが、泳ぐことが好きになりやすいかもしれない。

●ポイント●

海は／広いため、／周りを気にすることなく、自由に泳げる。
　ア は　1 なため　A である

しかし、／プールは／狭いため、／周りを気にしながら泳ぐことになり、不自由だ。
　　　　　イ は　　2 なため　B である

その意味では、／プールよりも海のほうが、／泳ぐことが好きになりやすいかもしれない。
　　　　　イ よりも　ア のほうが　C であると言える

● 「A」は、「周りを気にする必要がないため、自由に泳げる」などとしたくなりますが、同じ文中で「ため」が繰り返されないよう表現を工夫します。「B」も同様です。

パート① 6 レベル2 ②

基本の型

| ア |は、| 1 |（な）ため、| A |である。
しかし、| イ |は、| 2 |（な）ため、| B |である。
だから、| ア |よりも| イ |のほうが| C |であると言える。

❶ 〈お手本〉の文章を、書き写しなさい。

〈お手本〉
A君の荷物はリュックなので、かさを持ってもまだ片手が空いている。でも、B君の荷物は手さげカバンなので、かさを持つと両手がふさがる。だから、B君よりA君のほうが、つまずいたときなどに手を使いやすく、安全かもしれない。

●ポイント●

A君の荷物は／リュックなので、／かさを持ってもまだ片手が空いて
　　 ア は　　　 1 なため　　　 A である
いる。◆でも、／B君の荷物は／手さげカバンなので、／かさを持つと
　　　　　　　 イ は　　　 2 なため　　　　 B である
両手がふさがる。◆だから、B君よりA君のほうが、／つまずいたとき
　　　　　　　　　　　 イ よりも ア のほうが
などに手を使いやすく、安全かもしれない。
 C であると言える

◆は改行

❷ 〈お手本〉の文章を、書き写しなさい。

〈お手本〉

電車は、ほぼ時刻どおりに発着するため、目的地に着くのが遅れることは少ない。一方、バスは、時刻どおりに発着するとは限らないため、目的地に着くのが遅れることがある。だから、遅刻できない用事の場合は、バスよりも電車を選ぶべきだろう。

●ポイント●

電車は、／ほぼ時刻どおりに発着する(ため)、／目的地に着くのが遅れることは少ない。
　　[ア]は　　[1]なため　　　　　　　　　　[A]である

(一方)、バスは、／時刻どおりに発着するとは限らない(ため)、／目的地に着くのが遅れることがある。
　　　　[イ]は　　[2]なため　　　　　　　　　　[B]である

(だから)、遅刻できない用事の場合は、／バスよりも電車を／選ぶべきだろう。
　　　　[★]の場合は　　　　　　[イ]よりも[ア]のほうが[C]であると言える

● 「発着する⇔発着するとは限らない」「遅れることは少ない⇔遅れることがある」という対比関係は、「正反対」ではなく「ワンセット」の対比です（6ページ参照）。

パート① 7 レベル2 ③

❶ 〈お手本〉の文章を、書き写しなさい。

〈お手本〉
エレベーターは上下に動くため、移動にあまり時間がかからない。
しかし、エスカレーターは斜めに動くため、移動に時間がかかる。
だから、急いでいるときはエスカレーターよりもエレベーターを選ぶ人が多い。

基本の型

アは、1（な）ため、Aである。
しかし、イは、2（な）ため、Bである。
だから、アよりもイのほうがCであると言える。

●ポイント●

エレベーターは／上下に動くため、／移動にあまり時間がかからない。
　　ア　は　　　　1　なため　　　　A　である

しかし、エスカレーターは／斜めに動くため、／移動に時間がかかる。
　　　　　　イ　は　　　　2　なため　　　　B　である

だから、急いでいるときは／エスカレーターよりもエレベーターを／
　　　　★　のときは　　　イ　よりも　　　　ア　のほうが

選ぶ人が多い。
C　であると言える

❶ 月　日
❷ 月　日

パート① お手本を書き写す

2 〈お手本〉の文章を、書き写しなさい。

〈お手本〉
　エレベーターは、乗り降りによって不意に止まることがあるため、いらいらしやすい。しかし、エスカレーターは、乗り降りによって不意に止まることはないため、いらいらしにくい。だから、短気な人は、エレベーターよりもエスカレーターを選んだほうがよいだろう。

●ポイント●

　エレベーターは、／乗り降りによって不意に止まることがある⓪ため、／いらいらしやすい。◆しかし、エスカレーターは、／乗り降りによって不意に止まることはない⓪ため、／いらいらしにくい。◆だから、短気な人は、／エレベーターよりもエスカレーターを選んだほうが／よいだろう。

[ア]は　　[1]なため　　[A]である
[イ]は　　[2]なため
[B]である　　[★]は　　[ア]よりも　　[イ]のほうが
[C]であると言える

◆は改行

パート① 8 レベル3①

1 〈お手本〉の文章を、書き写しなさい。

基本の型

ア は、1（な）ため、A である。
しかし、イ は、2（な）ため、B である。
だから、ア よりも イ のほうが C であると言える。

〈お手本〉
朝は、だんだんと明るくなり気温が上がるため、心も体も元気になりやすい。一方、夜は、だんだんと暗くなり気温も下がるため、心も体も元気を失いやすい。だから、迷っていることを決断するタイミングとしては、夜よりも朝のほうが適しているだろう。

●ポイント●

朝は、/だんだんと明るくなり気温が上がる(ため)、/心も体も元気に
　ア は　1 なため　　　　　　　　　　　　　　　A である

なりやすい。◆一方、夜は、/だんだんと暗くなり気温も下がる(ため)、
　　　　　　　　イ は　2 なため

/心も体も元気を失いやすい。◆だから、迷っていることを決断する
　B である　　　　　　　　　　★ としては

タイミングとしては、/夜よりも朝のほうが/適しているだろう。
　　　　　イ よりも ア のほうが C であると言える

◆は改行

① 月　日
② 月　日

❷ 〈お手本〉の文章を、書き写しなさい。

〈お手本〉
朝は、動的な時間帯であり、心を落ち着ける余裕を持ちにくい。それに対して、夜は、静的な時間帯であり、心を落ち着ける余裕を持ちやすい。そう考えると、朝よりも夜のほうが、ものごとを冷静に考えるには適していると言えるだろう。

●ポイント●

朝は、／動的な時間帯であり、／心を落ち着ける余裕を持ちにくい。
　ア　は　1　なため　　　A　である

それに対して　夜は、／静的な時間帯であり、／心を落ち着ける余裕を持ちやすい。
　　　　　イ　は　2　なため　　　B　である

そう考えると　朝よりも夜のほうが、／ものごとを冷静に考えるには適していると言えるだろう。
　　　　　ア　よりも　イ　のほうが　C　であると言える

● 「〜ため」を「〜であり」などと表現したほうが読みやすくなることがあります。

パート① 9 レベル3 ②

1 〈お手本〉の文章を、書き写しなさい。

〈お手本〉
秋は山々が赤にそまるが、春は山々が緑にそまる。だから、秋よりも春のほうが気持ちの落ち着く季節だと言えるかもしれない。

基本の型

アは、1（な）ため、Aである。しかし、イは、2（な）ため、Bである。だから、アよりもイのほうがCであると言える。

●ポイント●

秋は／山々が赤にそまるが、／春は／山々が緑にそまる。
　ア　は　A　だが　　　　イ　は　B　である

だから、秋よりも春のほうが／気持ちの落ち着く季節だと言えるかも
　　　　ア　よりも　イ　のほうが　C　であると言える
しれない。

● 1文めは、「アはAである。しかし、イはBである」という2つの文を、「アはAだが、イはBである」という1つの文に合体した形です。

② 〈お手本〉の文章を、書き写しなさい。

〈お手本〉
印刷された年賀状は書き手の個性が表れにくいが、手書きの年賀状は書き手の個性が表れやすい。
だから、年賀状を作るならば、印刷よりも手書きのほうが、送った相手の記憶に残りやすいと言えるだろう。

●ポイント●

印刷された年賀状は／書き手の個性が表れにくいが、／手書きの年賀状は／書き手の個
　ア は　　　　　　　A だが　　　　　イ は　　　　　　B である

性が表れやすい。◆だから、年賀状を作るならば、／印刷よりも手書きのほうが、／送っ
　　　　　　　　　　★ならば　　　　　ア よりも イ のほうが

た相手の記憶に残りやすいと言えるだろう。
　C であると言える　　　　　　　　　　　　　　　　　　　　　　◆は改行

● 「書き手の個性」の例を入れて、「……手書きの年賀状は、たとえば文字の大きさやていねいさ、イラストのユニークさなどの面で、書き手の個性が表れやすい」などと書くことができると、なお分かりやすい文章になります。

パート① 10 レベル3 ③

1 〈お手本〉の文章を、書き写しなさい。

〈お手本〉

バスケは得点が入る場面が多いため、観戦中にあきることは少ない。それに対して、サッカーは得点が入る場面が少ないため、観戦中にあきることがある。だからこそ逆に、バスケよりサッカーのほうが、得点したときの感動は大きくなると言えるだろう。

基本の型

アは、1（な）ため、Aである。しかし、イは、2（な）ため、Bである。だから、アよりもイのほうがCであると言える。

●ポイント●

バスケは／得点が入る場面が多いため、／観戦中にあきることは少な
　　ア は　　1 なため　　　　　　　A である
い。◆それに対して、サッカーは／得点が入る場面が少ないため、／
　　　　　　　　　　　　イ は　　2 なため
観戦中にあきることがある。◆だからこそ逆に、バスケよりサッカーの
　　　B である　　　　　　　　　　　　ア よりも
ほうが、／得点したときの感動は大きくなると言えるだろう。
　イ のほうが C であると言える

◆は改行

2 〈お手本〉の文章を、書き写しなさい。

〈お手本〉
自分がバスケの試合に出ているときは、一部の選手の動きしか見えないことが多い。しかし、友だちがバスケの試合に出ているのを見るときは、選手全体の動きが見えることが多い。だから、自分が試合に出るだけでなく、ときには友だちの試合を見ることが、技量を上げるためには必要なことだと思う。

●ポイント●

自分がバスケの試合に出ているときは、／一部の選手の動きしか見えないことが多い。
　　　ア は　　　　　　　　　　　　　　A である

しかし、友だちがバスケの試合に出ているのを見るときは、／選手全体の動きが見える
　　　　　イ は　　　　　　　　　　　　　　B である

ことが多い。◆だから、自分が試合に出るだけでなく、ときには友だちの試合を見ること
　　　　　　　　　　　ア だけでなく　　　　　　イ のほうが

が、／技量を上げるためには必要なことだと思う。
　　　C であると言える　　　　　　　　　　　　　　　　◆は改行

● 「アよりもイ」は、必要に応じて、「アだけでなくイ」などと表現を変えることができます。

パート① 11 レベル3 ④

1 〈お手本〉の文章を、書き写しなさい。

〈お手本〉
音楽は、音量・音程・速度など、数値化しやすい要素が多いので、評価のための客観的基準が作りやすい。

しかし、美術は、絵画における彩色・配置、工作における形状など、数値化しづらい要素が多いので、評価のための客観的基準が作りづらい。

その意味では、音楽よりも美術のほうが、評価の良し悪しにかかわらず、その評価に対する納得感が得にくいものであると言えるだろう。

・数値化……具体的な数で表すこと
・評価……良いか悪いか、価値を判断すること
・客観的……多くの人が納得する様子
・納得感……理解して受け入れることのできそうな感覚

基本の型

アは、1（な）ため、Aである。
しかし、イは、2（な）ため、Bである。
だから、アよりもイのほうがCであると言える。

●ポイント●

● 今回の文章も200字には達していませんが、少し長く感じたかもしれません。この程度の長さの文章を型どおりに書くことができるというのが、1つの目標になるでしょう。

● これでパート1は終わりです。パート2からは、徐々に自力で書く量を増やしていくことになります。ここまで、お手本を覚えたり書き写したりすることをとおして学んできた型を忘れずに、頑張りましょう。

①　月　日

●ポイント●

音楽は、／音量・音程・速度など、数値化しやすい要素が多いので、／評価のための客
　　ア　は　　★　など　　　　　１　なため　　　　　　Ａ　である
観的基準が作りやすい。◆しかし、美術は、／絵画における彩色・配置、工作における形
　　　　　　　　　　　　　　イ　は　　☆　など
状など、数値化しづらい要素が多いので、評価のための客観的基準が作りづらい。
　　　　　　２　なため　　　　　　Ｂ　である
その意味では、／音楽よりも美術のほうが、／評価の良し悪しにかかわらず、その評価
　　　　　　ア　よりも　イ　のほうが　　Ｃ　であると言える
に対する納得感が得にくいものであると言えるだろう。
　　　　　　　　　　　　　　　　　　　　　　　◆は改行

「日記」への応用方法は、ズバリこれ！

「わが子は毎日、日記を宿題に出されているのですが、いつも似たような内容で工夫がいただけませんか」という相談を、よく受けます。

そこで私が必ず話すのは、**「観点を限定せよ！」**ということです。一例を示しましょう。

3月5日
午後5時の色……灰色

3月6日
午後5時の色……オレンジ色
空には、寒々とした灰色の雲が広がっていた。
でも、今日のこの時間は、オレンジ色の空だ。

3月7日
午前8時のにおい……やわらかいにおい
春らしい、やわらかいにおいの風が吹いていた。
昨日のこの時間は、灰色の空だった。

3月8日
午前8時のにおい……かたいにおい
昨日は、やわらかいにおいの風がふいていた。
でも、今日は、ちょっとかたい感じがした。

上記の例の中には、重要な要素がたくさんあります。

① **「五感」に限定している**
色は視覚、においは嗅覚。ほかにも、聴覚、味覚、触覚を生かせば、多様性が出ます。

② **「時刻」を限定している**
午後5時、午前8時など、時刻を限定しています。

③ **「変化（違い）」に限定している**
3月6日、8日の日記は、昨日と今日をくらべて、その変化（違い）を説明しています。ここに、この本で学ぶ200字メソッドが生かされています。

ほかにも、3月8日では、嗅覚を触覚にたとえて（言いかえる力）、触覚の観点に限定して対比しています（ある場所を決めて、日々、星の動きを観察するなど）。それと似ています。

そうやって観点を限定し、変化や相違点をとらえる方法は、95ページで示している「共通点の中の相違点」と同じ考え方です。

ぜひ、活用してみましょう。

パート②
一部を自力で書く

☆

自転車を自由に乗りこなせるようになるまでは、補助輪をつけますね。

水泳で、自由に泳げるようになるまでは、ビート板（手で持つ板）やヘルパー（腰につける浮き）を使いますね。

このパート2では、補助輪やビート板・ヘルパーが用意されています。

安心して、書く練習を積んでいきましょう。

パート②
1 くらべて書く①

1 〈1〉の文章を完成させ、全体を書きなさい。〈2〉の一、二からどちらかを選び、空欄を考え、メモしてから書くこと。

〈1〉
きのうは晴れていたので、　A　。
でも、今日は雨なので、　B　。

〈2〉
一　A……外で遊ぶことができた。
　　B……（　　　　　　　　　　　）。

二　A……（　　　　　　　　　　　）。
　　B……公園にあまり人がいない。

基本の型

　ア　は、　1　（な）ため、　A　である。
　しかし、　イ　は、　2　（な）ため、　B　である。
　だから、　ア　よりも　イ　のほうが　C　であると言える。

●ポイント●

きのうは／晴れていたので、／　A　。
　　ア　は　　1　なため

でも、今日は／雨なので、／　B　。
　　　イ　は　　2　なため

❶ 月　日　評価　A B C　解説は132ページ

❷ 月　日　評価　A B C　解説は132ページ

34

2 〈1〉の文章を完成させ、全体を書きなさい。〈2〉の一、二からどちらかを選び、空欄を考え、メモしてから書くこと。

〈1〉
人間は生物なので、　A　。
しかし、ロボットは無生物なので、　B　。

〈2〉
一　A……痛みを感じる。
　　B……（　　　　　　　）。

二　A……命の危険のある災害現場などには入りにくい。
　　B……（　　　　　　　）。

●ポイント●

人間は／生物なので、／　A　。
　ア　は　１　なため

しかし　ロボットは／無生物なので、／　B　。
　　　イ　は　２　なため

パート②　一部を自力で書く

35

パート②
2 くらべて書く②

1 〈1〉の文章を完成させ、全体を書きなさい。〈2〉の観点を利用して、空欄A・Bを考えること。

〈1〉
バスは、一度に乗せることのできる客の数が多いため、　A　。
それに対して、タクシーは、一度に乗せることのできる客の数が少ないため、　B　。

〈2〉観点（ポイント参照）
・料金が　高い ↔ 安い

基本の型

ア　は、　1　（な）ため、　A　である。
しかし、　イ　は、　2　（な）ため、　B　である。
だから、　ア　よりも　イ　のほうが　C　であると言える。

●ポイント●

バスは、／一度に乗せることのできる客の数が多いため、／　A　。
（ア　は　　1　なため）

それに対して、タクシーは、／一度に乗せることのできる客の数が少ないため、／　B　。
（イ　は　　2　なため）

●観点……たとえば、「ゴルフボールは重いが、ピンポン玉は軽い」という文の下線部の観点は「重さ」「重いか軽いか」などと表されます。

2

〈1〉の文章を完成させ、全体を書きなさい。〈2〉の観点を利用して、空欄A・Bを考えること。

〈1〉
バスは、□A□。
しかし、タクシーは、□B□。
だから、バスよりもタクシーのほうが、予定外の移動が必要になったときに役立つ手段であると言える。

〈2〉観点
・発着場所と発着時刻が 限られている ↔ 限られていない

●ポイント●

バスは、／□A□。
　□ア□は

しかし　タクシーは、／□B□。
　　　　□イ□は

だから　バスよりもタクシーのほうが、／予定外の移動が必要になったときに役立つ手
　　　　□ア□よりも□イ□のほうが　　□C□であると言える
段であると言える。

パート② 3 くらべて書く③

1

〈1〉の文章を完成させ、全体を書きなさい。〈2〉の観点を利用して、空欄A・Bを考えること。

「旅をする」

〈1〉
「旅をする」と言うと、　A　。
一方、「旅行する」と言うと、　B　。

〈2〉観点（どちらかを選ぶ、または両方使う）
・一人で行くイメージ ↔ 何人かで行くイメージ
・未知の場所へ行くイメージ ↔ 既知※の場所へ行くイメージ

※既知……すでに知っていること

基本の型

　ア　は、　1　（な）ため、　A　である。
しかし、　イ　は、　2　（な）ため、　B　である。
だから、　アよりも　イ　のほうが　C　であると言える。

●ポイント●

「旅をする」と言うと、／　A　。
　ア　は

一方、「旅行をする」と言うと、／　B　。
　　　　イ　は

●文の終わりは、「一人で行くイメージがある」などとします。
●両方組み合わせる場合は、「一人で未知の場所へ行くイメージがある」などとします。
●「旅をする」の上は、1マス空けます。

① 月　日　評価　A B C　解説は133ページ
② 月　日　評価　A B C　解説は133ページ

38

❷

〈1〉の文章を完成させ、全体を書きなさい。〈2〉の観点を利用して、空欄A・Bを考えること。

〈1〉
「後悔」は、A。
それに対して、「反省」は、B。

〈2〉観点（いずれか一つを選ぶ、または複数使う）
・ネガティブ ↔ ポジティブ（後ろ向き↔前向き）
・感情的 ↔ 理性的
・主に、起きたことの「結果」に目を向けている ↔ 主に、起きたことの「原因」に目を向けている

「後悔」

●ポイント●

「後悔」は、／ A 。
　　ア は

それに対して「反省」は、／ B 。
　　　　　　　　　　　　イ は

● 「後悔」の上は、1マス空けます。
● 原稿用紙における、カギかっこの出だしの記号（「）の書き方……セリフの場合は行の最初を1マス空けずに書きますが、語句を「　」でくくるだけの場合などは、行の最初を1マス空けて書きます。

パート②
4 くらべて書く ④

基本の型

アは、①（な）ため、Aである。
しかし、イは、②（な）ため、Bである。
だから、アよりもイのほうがCであると言える。

❶

〈1〉の文章を完成させ、全体を書きなさい。〈2〉の観点を利用して、空欄A・Bを考えること。

〈1〉
クロールは、A。
それに対して、平泳ぎは、B。

〈2〉観点（どちらかを選ぶ、または両方使う）
・主に手で水をかくことで進む ↔ 主に足で水をけることで進む
・スピードを出しやすい ↔ スピードを出しにくい

●ポイント●

クロールは、／A。
　アは

それに対して、平泳ぎは、／B。
　　　　　　　　　　　イは

● 〈2〉の2つの観点を両方使う場合は、「主に手で水をかくことで進むものであり、スピードを出しやすい」などとつなぎます。「主に手で水をかくことで進むため、スピードを出しやすい」としてしまうと、因果関係が強調されすぎてしまいます（「手で泳ぐからこそ速い」とは言い切れません）。

❶ 月　日 評価 A B C　解説は133ページ

❷ 月　日 評価 A B C　解説は134ページ

2

〈1〉の文章を完成させ、全体を書きなさい。〈2〉の観点を利用して、空欄A・Bを考えること。

〈1〉
背泳ぎは、 A 。
一方、クロールは、 B 。
だから、背泳ぎよりもクロールのほうが、 C であると言える。

〈2〉観点（どちらかを選ぶ）
・息つぎの必要が ある ↔ ない
・泳いだ距離を途中で つかみにくい ↔ つかみやすい

●ポイント●

背泳ぎは、／ A 。
　 ア は

（一方）クロールは、／ B 。
　　　 イ は

（だから）背泳ぎよりもクロールのほうが、／ C であると言える。
　　　　 ア よりも イ のほうが

パート② 5 くらべて書く⑤

基本の型

[ア]は、[1](な)ため、[A]である。
しかし、[イ]は、[2](な)ため、[B]である。
だから、[ア]よりも[イ]のほうが[C]であると言える。

1

〈1〉の文章を完成させ、欄にメモし、それを使って全体を書きなさい。観点（A・B）を考えて〈2〉の空欄にメモし、それを使って書くこと。

〈1〉
懐中電灯を使うと、[A]。
一方、ろうそくを使うと、[B]。

〈2〉
A……（　　　　　　　　）
B……（　　　　　　　　）

[原稿用紙欄]

●ポイント●

懐中電灯を使うと、／[A]。
　[ア]は

(一方)、ろうそくを使うと、／[B]。
　[イ]は

● 「A・B」のパーツを書くうちに、「1・2」のパーツ（理由）を入れたくなってしまうことがありますが、あえてそれを入れず、シンプルな文を作るようにします。まだまだ練習段階ですから、欲張らないことが大切です。
● 「観点の統一」に注意しましょう（6ページ参照）。

---

① 月　日　評価　A B C　解説は134ページ
② 月　日　評価　A B C　解説は134ページ

パート② 一部を自力で書く

2 〈1〉の文章を完成させ、全体を書きなさい。観点（A・B）を考えて〈2〉の空欄にメモし、それを使って書くこと。

〈1〉 小説は、言葉だけで伝えるため、 A 。それに対して、マンガは、絵と言葉で伝えるため、 B 。

〈2〉
A ……（　　　）
B ……（　　　）

●ポイント●

小説は、／言葉だけで伝える㋐ため、／ A 。
　　ア は　　1 なため

㋑それに対して　マンガは、／絵と言葉で伝える㋐ため、／ B 。
　　イ は　　2 なため

● 読み手の目線で考えるか、書き手の目線で考えるかを、まず決めましょう。
● 小説をプラス、マンガをマイナスととらえるのか、逆に、小説をマイナス、マンガをプラスととらえるのかで、内容も変わってきます。
● 読点「、」は、あまり続くと読みづらくなるので、状況によって外します。たとえば、「マンガは」のあとの読点は、なくてもかまいません。

パート② 6 たどって書く①

1 あとの文章を完成させ、全体を書きなさい。

映画館で映画を観る場合、終わった場面に戻すことはできない。しかし、家で映画のDVDなどを観る場合、終わった場面に戻すことができる。だから、映画館よりも家で観るほうが、 C 。

基本の型

ア は、 1 （な）ため、 A である。
しかし、 イ は、 2 （な）ため、 B である。
だから、 ア よりも イ のほうが C であると言える。

●ポイント●

映画館で映画を観る場合、／終わった場面に戻すことはできない。
　　 ア は　　　　　　　 A である

しかし、家で映画のDVDなどを観る場合、／終わった場面に戻すこ
　　　　　　　　 イ は　　　　　　　　　　　 B である

とができる。◆だから、映画館よりも家で観るほうが、／ C 。
　　　　　　　　 ア よりも イ のほうが

　　　　　　　　　　　　　　　　　　　　　　◆は改行

● 「観る」は「見る」でもかまいません。

評価 A B C　解説は134ページ
評価 A B C　解説は135ページ

❷ 次の文章を完成させ、全体を書きなさい。

日本人は、たとえば不満や感謝の気持ちを相手に伝えるべき場面でも、はっきりと言葉にして伝えることは少ない。しかし、西洋人は、そういった気持ちを相手に伝えるべき場面では、はっきりと言葉にして伝えることが多い。そう考えると、日本人よりも西洋人のほうが、 C 。

●ポイント●

日本人は、／たとえば不満や感謝の気持ちを相手に伝えるべき場面でも、／はっきりと
　 ア は　　 ★ の場合　　　　　　　　　　　　　　　　　　　 A である
言葉にして伝えることは少ない。◆しかし、西洋人は、／そういった気持ちを相手に伝え
　　　　　　　　　　　　　　　　　　 イ は　　 ★ の場合
るべき場面では、／はっきりと言葉にして伝えることが多い。◆そう考えると、日本人よ
　　　　　　　　　　 B である
りも西洋人のほうが、／ C 。
 ア よりも イ のほうが　　　　　　　　　　　　　　　　　　 ◆は改行

● 「★」のパーツは、「ア」「イ」の前に出してもよいパーツです。この文章は、「★の場合、アは〜。しかし、イは〜」という形の、変形したものです（131ページ参照）。

パート② 7 たどって書く②

1
あとの文章を完成させ、全体を書きなさい。

基本の型

アは、1（な）ため、Aである。
しかし、イは、2（な）ため、Bである。
だから、アよりもイのほうがCであると言える。

予告した上で避難訓練を行う場合、A。
一方、予告なしに避難訓練を行う場合、B。
だから、予告なしに行うほうが、いざ本当に災害が起きたときには効果が出やすいだろう。

●ポイント●

予告した上で避難訓練を行う場合、／A。
　アは

一方、予告なしに避難訓練を行う場合、／B。
　　　イは

だから、予告なしに行うほうが、／いざ本当に災害が起きたときには
　　イのほうが　　　　Cであると言える
効果が出やすいだろう。

●3文めの「アよりも」は省略されています。読みやすくするためです。

❷ 次の文章を完成させ、全体を書きなさい。

予告なしに避難訓練を行う場合、 1 （な）ため、 A 。一方、予告した上で避難訓練を行う場合、 2 （な）ため、 B 。だから、予告した上で行うほうが、いざ本当に災害が起きたときには効果が出やすいだろう。

パート② 一部を自力で書く

●ポイント●

予告なしに避難訓練を行う場合、／ 1 （な）ため、／ A 。
　 ア は

一方、予告した上で避難訓練を行う場合、／ 2 （な）ため、／ B 。
　　　 イ は

だから、予告した上で行うほうが、／いざ本当に災害が起きたときには効果が出やすい
　　　　 イ のほうが　　　　　　 C であると言える
だろう。

● ❶・❷とも、「Cであると言えるのは、なぜか？」と、逆にたどって考える必要があります。「だから←→なぜなら」の関係（6ページ参照）を、いつも意識しましょう。

パート②
8 たどって書く③

1 あとの文章を完成させ、全体を書きなさい。

授業中、ノートをとらずにいると、A。
一方、ノートをとっておくと、B。
だから、授業中にノートをとっておくほうが、あとあとのテストの点数が伸びるはずだ。

基本の型

アは、1（な）ため、Aである。
しかし、イは、2（な）ため、Bである。
だから、アよりもイのほうがCであると言える。

●ポイント●

授業中、／ノートをとらずにいると、／A。
　　★の場合 ア は
一方、ノートをとっておくと、／B。
　　　イ は
だから、授業中にノートをとっておくほうが、／あとあとのテストの
　　　★の場合 イ のほうが　　C であると言える
点数が伸びるはずだ。

❷ 次の文章を完成させ、全体を書きなさい。

授業中、ノートをとることに集中しすぎると、A。一方、先生の話を聞くことに集中していると、B。だから、授業中には、ノートをとることに集中するよりも先生の話を聞くことに集中するほうが、成績向上につながるはずだ。

●ポイント●

授業中、／ノートをとることに集中しすぎると、／ A 。
　★ の場合 ア は

一方、先生の話を聞くことに集中していると、／ B 。
　　 イ は

だから、授業中には、／ノートをとることに集中するよりも先生の話を聞くことに集中
　　★ の場合　　 ア よりも　　　　　　　　　　 イ のほうが

するほうが、／成績向上につながるはずだ。
　　　　 C であると言える

パート② 9 たどって書く④

1 あとの文章を完成させ、全体を書きなさい。

地震は、いつごろ来るかを事前に知ることができないため、A。

一方、台風は、いつごろ来るかを事前に知ることができるため、B。

だから、地震より台風のほうが、被害が出たときの後悔は大きくなってしまうかもしれない。

基本の型

ア は、1（な）ため、A である。

しかし、イ は、2（な）ため、B である。

だから、ア よりも イ のほうが C であると言える。

●ポイント●

地震は、／いつごろ来るかを事前に知ることができない ため、／ A 。
　　　ア は　1 なため

一方、台風は、／いつごろ来るかを事前に知ることができる ため、／ B 。
　　　　　イ は　2 なため

だから、地震より台風のほうが、／被害が出たときの後悔は大きくなって
　　　　　ア よりも イ のほうが　C であると言える

しまうかもしれない。

2 次の文章を完成させ、全体を書きなさい。

マンションに住むと、 A 。
一方、一戸建てに住めば、 B 。
だから、マンションより一戸建てのほうが、落ち着いて過ごせると言えるだろう。

●ポイント●

マンションに住むと、／ A 。
　　 ア は

一方、一戸建てに住めば、／ B 。
　　　 イ は

だから、マンションより一戸建てのほうが、／落ち着いて過ごせると言えるだろう。
　　 ア よりも　　 イ のほうが　　　 C であると言える

● 「一戸建てのほうが落ち着いて過ごせる理由はなんだろう？」と考えます。
「BだからC」を逆にたどり、「CなぜならB」と考えていくわけです。

パート② 10 たどって書く⑤

基本の型

[ア]は、[1]（な）ため、[A]である。
しかし、[イ]は、[2]（な）ため、[B]である。
だから、[ア]よりも[イ]のほうが[C]であると言える。

1

次の文章を完成させ、全体を書きなさい。★と☆の両方のパターンについて、A・Bの内容をメモした上で書くこと。Cは書きながら考えること。

チームで何かを決める際、最終的にリーダー一人が決めるというルールになっていると、[A]。
それに対して、最終的にメンバー全員の多数決で決めるというルールになっていると、[B]。
だから、メンバーの多数決で決めるよりもリーダーが決めるほうが、[C]。

（※──部は順序を逆にしてもよい）

★ Aを肯定、Bを否定
☆ Aを否定、Bを肯定

[A]（＋）
[B]（－）

[A]（－）
[B]（＋）

●ポイント●

チームで何かを決める際、／最終的にリーダー一人が決めるというルールになっていると、／[A]。◆それに対して、最終的にメンバー全員の多数決で決めるというルールになっていると、／[B]。◆だから、メンバーの多数決で決めるよりもリーダーが決めるほうが、／[C]。

[★]の際　　　　　[ア]は
　　　　　　　　　[イ]は
[イ]よりも　　　　[ア]のほうが　　　　◆は改行

パート②　一部を自力で書く

★Aを肯定、Bを否定に

☆Aを否定、Bを肯定に

パート② 11 言いかえて書く①

基本の型

[ア]は、[1]（な）ため、[A]である。
しかし、[イ]は、[2]（な）ため、[B]である。
だから、[ア]よりも[イ]のほうが[C]であると言える。

---

① 次の文章を完成させ、全体を書きなさい。★と☆に入る内容を考え、メモした上で書くこと。

目標と夢は異なる。
目標は、実現までの時間が短い。
たとえば、★。
それに対して、夢は、実現までの時間が長い。
たとえば、☆。
そう考えると、目標よりも夢のほうが、持ち続けることの難しいものであると言えるだろう。

★（目標の例）
〔　　　　　　　　　　　　　　　　〕

☆（夢の例）
〔　　　　　　　　　　　　　　　　〕

●ポイント●

● 「物理学者になる」と、「次の算数のテストで満点を取る」とでは、どちらが「目標」で、どちらが「夢」でしょうか。実現までの時間の長短で、考えてみましょう。

● 「たとえば、★」のパーツは、「たとえば、……、……などというのが、その例だ」といった書き方にしてみましょう。

① 月　日
評価
A B C

解説は138ページ

パート②　一部を自力で書く

●ポイント●

目標と夢は異なる。
　ア と イ は異なる

目標は、／実現までの時間が短い。◆たとえば、★。
　ア は　A である　　　　　　　　　★

それに対して、夢は、／実現までの時間が長い。◆たとえば、☆。
　　　イ は B である　　　　　　　　　☆

そう考えると、目標よりも夢のほうが、／持ち続けることの難しいものであると言える
　　　ア よりも イ のほうが　C であると言える
だろう。
　　　　　　　　　　　　　　　　　　　　　　　　　◆は改行

パート② 12 言いかえて書く②

1
次の文章を完成させ、全体を書きなさい。★と☆に入る内容を考え、メモした上で書くこと。

「考える」と「思う」は異なる。

「考える」というのは、時間をかけていくつかの選択肢から一つを選ぶような理性の働きに近い。

たとえば、★。

それに対して、「思う」というのは、間を置かずに一つの心情が生じるような感性の働きに近い。

たとえば、☆。

★（「考える」の例）
（　　　　　　　　　　　　）

☆（「思う」の例）
（　　　　　　　　　　　　）

基本の型

アは、1（な）ため、Aである。

しかし、イは、2（な）ため、Bである。

だから、アよりもイのほうがCであると言える。

●ポイント●

● まず、「考える」を使った文を作ってみます。次に、その文の「考える」を「思う」に置きかえてみます。そのとき、「変な感じだな」と思ったら、それは「考える」の例文として使えるということです。逆のことをすれば、「思う」の例文も思い浮かぶはずです。

パート②　一部を自力で書く

●ポイント●

「考える」と「思う」は異なる。
　ア　と　　イ　は異なる
「考える」というのは、／時間をかけていくつかの選択肢から一つを選ぶような理性の働
　ア　は　　　　　A　である
きに近い。◆たとえば、★。
　　　　　　　　★
それに対して、「思う」というのは、／間を置かずに一つの心情が生じるような感性の働
　　　　　　　　イ　は　　　　　B　である
きに近い。◆たとえば、☆。
　　　　　　　　☆
　　　　　　　　　　　　　　　　　　　　　　　　　　◆は改行

パート② 13 言いかえて書く③

基本の型

アは、1（な）ため、Aである。
しかし、イは、2（な）ため、Bである。
だから、アよりもイのほうがCであると言える。

---

1 次の文章を完成させ、全体を書きなさい。★と☆に入る内容を考え、メモした上で書くこと。

大量生産では、たとえば ★ などのように、商品に生産者の個性が表れにくい。
一方、少量生産では、たとえば ☆ などのように、商品に生産者の個性が表れやすい。
だから、大量生産よりも少量生産のほうが、商品に愛着を持ってもらいやすいと言えるだろう。

★（大量生産の商品の例）（　　　　　　　　　　）
☆（少量生産の商品の例）（　　　　　　　　　　）

●ポイント●

● ひとくちに大量生産・少量生産と言っても、食料品・衣服・造形作品など、さまざまな種類が考えられます。
● 例を1つだけにした場合、「などのように」の「など」は省いてもかまいません。

パート②　一部を自力で書く

●ポイント●

大量生産では、／たとえば ★ などのように、／商品に生産者の個性が表れにくい。
　ア は　　　　　　　★ などのように　　 A である

一方、少量生産では、／たとえば ☆ などのように、／商品に生産者の個性が表れやすい。
　　イ は　　　　　　　☆ などのように　　 B である

だから、大量生産よりも少量生産のほうが、／商品に愛着を持ってもらいやすいと言えるだろう。
　　　ア よりも　 イ のほうが　　 C であると言える

パート② 14 言いかえて書く④

1
次の文章を完成させ、全体を書きなさい。★と☆に入る内容を考え、メモした上で書くこと。

プロ（プロフェッショナル）というのは、たとえば ★ などのように、それをすることで生活に必要なお金を得ている人、つまり、それを職業としている人のことを指す。

一方、アマ（アマチュア）というのは、たとえば ☆ などのように、それをすることで生活に必要なお金を得ているわけではない人、つまり、それを職業とはしていない人（とくに趣味などでそれを行っている人）のことを指す。

★（プロフェッショナルの例）
〔　　　　　　　　　　　　　　　〕

☆（アマチュアの例）
〔　　　　　　　　　　　　　　　〕

基本の型

|ア|は、|1|(な)ため、|A|である。
しかし、|イ|は、|2|(な)ため、|B|である。
だから、|ア|よりも|イ|のほうが|C|であると言える。

●ポイント●
● （　）の内容は省いて書いてもかまいません。

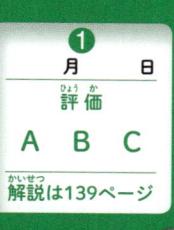

パート②　一部を自力で書く

●ポイント●

プロ（プロフェッショナル）というのは、／たとえば ★ などのように、／それをする ア は（★などのように　A'）ことで生活に必要なお金を得ている人、／つまり、それを職業としている人のことを指す。（A である）

一方、アマ（アマチュア）というのは、／たとえば ☆ などのように、／それをすること イ は（☆などのように　B'）で生活に必要なお金を得ているわけではない人、／つまり、それを職業とはしていない（B である）人（とくに趣味などでそれを行っている人）のことを指す。

パート② 15 言いかえて書く⑤

基本の型

> アは、①(な)ため、Aである。
> しかし、イは、②(な)ため、Bである。
> だから、アよりもイのほうがCであると言える。

1 次の(1)・(2)いずれかを選び、その文章を完成させ、全体を書きなさい。
☆に入る内容を考え、メモした上で書くこと。

(1) 悲観的なものの見方とは、たとえば★などというように、ものごとを後ろ向きに暗くとらえることである。
それに対して、楽観的なものの見方とは、たとえば☆などというように、ものごとを前向きに明るくとらえることである。

(2) 主観的なものの見方とは、たとえば★などというように、自分中心の見方でものごとをとらえることである。
それに対して、客観的なものの見方とは、たとえば☆などというように、自分中心の見方を離れ、多くの人が納得するような見方で、ものごとをとらえることである。

●ポイント●

(1) 悲観的なものの見方とは、／たとえば★などというように、／
　　アは　　　　　　　　　★などというように
ものごとを後ろ向きに暗くとらえることである。
Aである

それに対して　楽観的なものの見方とは、／たとえば☆などという
　　イは　　　　　　　　　☆などというように
ように、／ものごとを前向きに明るくとらえることである。
Bである

解説は140ページ

パート②　一部を自力で書く

（　）（☆の例）（　）（★の例）

●ポイント●

（2）主観的なものの見方とは、／たとえば ★ などというように、／自分中心の見方で
　　　ア は　　　　　　　　　★ などというように　　　 A である
ものごとをとらえることである。
　　それに対して、客観的なものの見方とは、／たとえば ☆ などというように、／自分中
　　　　　　イ は　　　　　　　　　　☆ などというように
心の見方を離れ、多くの人が納得するような見方で、ものごとをとらえることである。
　 B である

「行事作文」への応用方法は、ズバリこれ！

遠足、運動会、○○式など、学校では様々な行事が行われます。そして、その都度与えられるのが、自由度の高い作文課題です。いったい、どのようにして書けばよいのでしょうか。

大切なのは、まず「くらべる」という発想を持つことです。そして、ここでもやはり32ページと同様、「観点の限定」がカギとなります。

まず、何と何をくらべるのかを決めます。いくつか例示してみましょう。

――運動会の場合――

① 「競技前の気持ち」と「競技後の気持ち」
② 「競技前の体調」と「競技後の体調」
③ 「当日の朝の気持ち」と「当日の夕方の気持ち」
④ 「練習期間中の友人関係」と「本番終了後の友人関係」
⑤ 「応援席での気持ち」と「競技場での気持ち」

①〜④は、「時間」の観点で対比しています。何かの前とあとの心情変化を描くための対比です。⑤は、「空間」の観点です。応援席と競技場では、見える光景が全く違う、といった着眼点です。また、②以外は、「心理」の観点であるとも言えます。

このように、時間的観点、空間的観点、心理的観点などに限定し、対比すべきものを決めます（このあたりの考え方は、90・91ページで勉強します）。

そして、くらべるものが決まったら、それを200字メソッドの型に当てはめて、文章にします。これで、骨組みができ上がります。その後、肉づけをしていくことになります。つまり、具体化の作業です（このあたりの考え方は、78〜81ページで勉強します）。

自由度の高い作文を書く際に大切なのは、だらだらと思いつきで書かないことです。

> **まず、骨組みを組み立てる。**
> **次に、肉づけをしていく。**

この手順を守れば、どんな作文であっても、200字メソッドを十分に生かすことができるのです。

パート③
よりよい文章にレベルアップさせる

☆ ここからは、これまで右側ページの端に書かれていた200字メソッドの「基本の型」は表示しません。頭の中で、基本の型を再現しながら、書き進めるようにしましょう。

☆ パート3の多くは、「修正する」作業です。文章を書く際に欠かせないこと、それは、「書くたびに読み直す」「自らチェックし、自ら直す」ということです。
これができるようになれば、文章がレベルアップすること、間違いなしです。

パート③ 1 くらべる力 —— 対比関係を整える①

1 次の（1）〜（3）の文章の——部は、対比関係が乱れています。それぞれの〈修正方法〉に従って、文章全体を書き直しなさい。

（1）さいころを二回ふって、たとえば六・六などと出ると、とても低い確率のように思える。
でも、たとえば二・五などと出ても、特に何とも思わない。

〈修正方法〉
2文めの——部を、1文めの——部に合わせて変える。

●ポイント●

●パート3からは、ア・1・Aなどの型を表示しません。
自分自身でスラッシュ（／）を引き、パーツに区切り、型を意識しながら読むようにしましょう。

(2) 班長くらいなら、あまり責任は重くない。
しかし、クラス代表ともなると、責任を持たなくてはいけない。

〈修正方法〉2文めの──部を、1文めの──部に合わせて変える。

(3) ぼくは絵が苦手なので、紙芝居の文のほうを担当するよ。
でも、きみは絵が好きなんだから、絵を担当してよ。

〈修正方法〉2文めの──部を、1文めの──部に合わせて変える。または、1文めの──部を、2文めの──部に合わせて変える。

●ポイント●

● (1)～(3)いずれも、一部のパーツが対比的ではありません。
主に「対比の観点の統一」を意識して、修正します。

(1) とても低い確率のように思える　←?→　特に何とも思わない
(2) あまり責任は重くない　　　　　←?→　責任を持たなくてはいけない
(3) 絵が苦手　　　　　　　　　　　←?→　絵が好き

観点を統一するためには、反対語・否定表現を意識することが必要です。
「速い」の反対語は「遅い」。「速い」の否定表現は「速くない」。これが基本です。

パート③　よりよい文章にレベルアップさせる

パート③
2 くらべる力——対比関係を整える②

1 次の(1)～(2)の文章の——部は、対比関係が乱れています。それぞれの〈修正方法〉に従って、文章全体を書き直しなさい。

(1) 説明文は、語句や文が整理されており、意味をつかみやすい。一方、詩は、必ずしも語句や文が整理されているとは限らない。

〈修正方法〉
——部を、2文めの——部に合わせて変える。または、1文めの——部を、2文めの——部に合わせて変える。

●ポイント●

● 「パーツの数のバランス」をそろえることで修正できます。

(1)「語句や文の整理」「意味のつかみやすさ」
これらのパーツを、2つまたは1つにそろえます。

(2) たとえば五人の友だちにおみやげを買ってくる場合、日本人は、五人それぞれに同じおみやげを同じ数ずつ買ってくることが多い。それに対して、西洋人は、五人それぞれに異なるおみやげを買ってくることが多い。

だから、日本人より西洋人のほうが、個人に意識が向いていると言えるだろう。

〈修正方法〉 2文めの──部を、1文めの──部に合わせて変える。

●ポイント●

● 「パーツの数のバランス」をそろえることで修正できます。
(2)「同じおみやげか異なるおみやげか」「数が同じかどうか」
これらのパーツを、指示に従って1つにそろえます。
修正の際、「異なる数ずつ買ってくる」としても通じますが、その書き方だと、意図的に数を変えるという意味にも受け取れてしまいますから、表現を工夫します。たとえば、「数をさほど意識せずに」などとすれば、日本人との違いがよく分かる文章になります。
たしかに、「同じ数ずつ←→異なる数ずつ」のほうが、「同じ数ずつ←→数を意識せずに」よりも、抽象度のバランスはよいのです。しかし、読み直してみたときに、伝えるつもりのない意味を読み手に与えてしまいそうだと思った場合には、あえて抽象度のバランスを崩すといった工夫が必要なこともあるわけです。

パート③
3 くらべる力 — 対比関係を整える③

❶ 次の（1）〜（2）の文章は、対比関係が乱れています。それぞれの〈修正方法〉に従って、文章全体を書き直しなさい。

（1）口が笑っていても目が笑っていないと、それは本心からの笑顔とは言えない。一方、目が笑っていれば、それは作り笑いだとは言えない。いわば、目は心の窓なのである。

〈修正方法〉 2文めを1文めに合わせて変える。

● **ポイント** ●

● (1) 目のプラス面を伝えようとしているのですが、2文目の述語（「B」に当たるパーツ）が「言えない」となっており、マイナスの印象を与えてしまっているため、意味が伝わりづらくなっています。「言えない」を「言える」に変えるためにどうすればいいか、考えます。

（2）制服は、自分らしさを出しにくい服装であり、楽しめない。しかし、私服は、毎日同じ服装をするわけにはいかないため、大変だ。

〈修正方法①〉2文めを1文めに合わせて変える。

〈修正方法②〉1文めを2文めに合わせて変える。

●ポイント●

● （2）「1なため」のパーツを抜き、「アはAである」「イはBである」だけでチェックします。
すると、「制服は楽しめない。しかし、私服は大変だ」となり、主張のあいまいな文章になっていることに気づきます。
どちらかをプラス、どちらかをマイナスにすることで、主張のはっきりした文章になります。
もちろん、制服と私服、両方のデメリットを伝えたいのであれば、それも主張だと言えますが、その場合は「しかし」よりも「一方で」などを使うほうがよいのです。

パート③ よりよい文章にレベルアップさせる

パート③
4 たどる力 ── 因果関係を整える①

1 次の(1)～(2)の文章に、「理由」を加えます。それぞれの〈修正方法〉に従って、文章全体を書き直しなさい。

(1) 電話では、誤解が生じやすい。一方、会話では、誤解が生じにくい。

〈修正方法〉 <の位置に、「生じやすい」「生じにくい」と言える理由を、それぞれ加える。なお、「表情」という言葉を使うこと。

●ポイント●

● (1)「電話では、なぜ誤解が生じやすいのか」と自問し、その答えを、「表情」を使って考えてみましょう。
なお、この文章における「会話」というのは、直接の会話を意味しています。
「電話で話すのも会話だ」と言えないことはありませんが、ここでは狭い意味の「会話」だと考えてください。
同時に、「電話は間接的なもの」「会話は直接的なもの」という見方が、この文章の背景にあることを知っておきましょう。

(2) サングラスは表情が分かりにくい。一方、マスクは表情が分かりやすい。だから、マスクよりもサングラスのほうが、周囲の人に警戒心を与えやすいと言えるだろう。

〈修正方法〉＜の位置に、「分かりにくい」「分かりやすい」と言える理由を、それぞれ加える。

●ポイント●

●3文め（アよりもイのほうが……）の内容が「マスクよりもサングラスのほうが……」となっているのに、1文めの「ア」のパーツはサングラス、2文めの「イ」のパーツはマスクになっているということに気づきましたか。

これは、「マスク」の情報で始めるよりも「サングラス」の情報で始めるほうが、読み手に伝わりやすいからです。「マスクは表情が分かりやすい」というのは、あくまでもサングラスとくらべた場合の話であり、サングラスについて触れる前にいきなりそれを書いてしまうと、「そうかなあ？」と、読み手に疑問を与えてしまいます。一方で、「サングラスは表情が分かりづらい」というのは、一般的に受け入れられやすいですから、いきなり書いても伝わります。このように、いつも読み手の立場で文章をチェックする姿勢が大切です。

パート③ 5 たどる力 ——因果関係を整える②

❶ 次の（1）〜（2）の文章は、因果関係が適切ではありません。それぞれの〈修正方法〉に従って、文章全体を書き直しなさい。

（1）赤い光は心を興奮させる効果があるが、青い光は心を落ち着かせる効果がある。だから、赤い光の多い場所にいるよりも青い光の多い場所にいるほうが、心が落ち着くはずだ。

〈修正方法〉2文めの——部を、1文めの——部と異なる内容にする。

●ポイント●

● (1)(2) どちらも、もとの文章のおかしさに気づくためにできることは、いくつかあります。
まずは、「だから」の前後の文を、続けて音読してみましょう。
何度も繰り返しながら、1回めより2回め、2回めより3回めの音読スピードを上げていきます。そうすると、たしかにおかしなことを言っている、と思えるようになるでしょう。

(2) 緑や赤のチョークで黒板に文字を書いても、あまり目立たない。一方、白や黄のチョークで黒板に文字を書くと、目立つ。だから、黒板には、緑や赤ではなく白や黄のチョークで文字を書くほうが、よく目立つと言える。

〈修正方法〉3文めの——部を（※）、2文めの——部と異なる内容にする。
※3文め全体を変えてもよい。

●ポイント●

● もとの文章のおかしさに気づくために有効な方法があります。
それは、**「だから」**の前後の文の述語（述部）のパーツに線を引き、そこだけを「だから」でつないで、読んでみることです。
(1)「心を落ち着かせる（効果がある）→だから→心が落ち着く」。
(2)「目立つ→だから→目立つ（と言える）」。
前後でほとんど同じことを書いているということに気づきますね。
「だから」をわざわざ使うからには、前後で違った内容になっていなければなりません。
こういったミスを防ぐために、自分自身でチェックする方法を身につけておくようにしましょう。

パート③ 6 たどる力 ——因果関係を整える③

① 次の文章は、2文めと3文めの因果関係がジャンプしています。間に入る一文を考え、左の欄に書きなさい。

漢字は一文字一文字に意味があるため、たとえば、同じ「みちこ」でも「道子」「満子」「美知子」などのように漢字で書き分けると、それぞれに特定の意味が感じられるようになる。

一方、ひらがなは一文字一文字に意味はないため、「みちこ」と書くだけならば、そこに特定の意味が感じられるということはない。

だから、漢字の名前にくらべてひらがなの名前のほうが安易につけられたものだと決めつけることはできないはずである。

●ポイント●

●本来は、上記の文章の2文めと3文めの因果関係がジャンプしているということに、自分自身で気づけなければなりません。
「だから」という言葉には強引さがあるため、さらっと読んでしまうと何がおかしいのか分からない、ということがあります。
そこで、「なぜなら」を使ってチェックするのです（左ページ参照）。

●かなり難しい問題ですが、中学入試などではこの程度の思考が当然のように求められます。受験生は、がんばって取り組んでみましょう。

❷ 右に書いた一文を用いて、❶の全文を完成させます。1文めと4文めは、既に書かれています。その間を書きなさい。

漢字は一文字一文字に意味があるため、たとえば、同じ「みちこ」でも「道子」「満子」「美知子」などというように漢字で書き分けると、それぞれに特定の意味が感じられるようになる。

そう考えると、漢字の名前にくらべてひらがなの名前のほうが安易につけられたものだと決めつけることはできないはずである。

パート③　よりよい文章にレベルアップさせる

●ポイント●

● 強引な「だから」にごまかされないよう、「なぜなら」を使ってチェックしましょう。

漢字の名前にくらべてひらがなの名前のほうが
安易につけられたものだと決めつけることはできない。

だから↑　　↓なぜなら

（　　　　　　　　　　　　　　）

だから↑　　↓なぜなら

ひらがなは一文字一文字に意味はないため、
「みちこ」と書くだけならば、
そこに特定の意味が感じられるということはない。

←ここを考えます。名前から「意味」を意図的に消すことを選ぶ親の気持ちを、説明しましょう。

77

パート③
7 言いかえる力 ── 同等関係を整える①

① 次の文章は、──部が適切ではありません。これを修正し、空欄を適切に埋めながら、文章全体を書きなさい。空欄の内容は、先にメモすること。

　ひらがなは丸みを帯びているため、「ひと」「もち」などのように、やわらかな印象を与える。たとえば、「ひと」は、人間味を感じる。「もち」は、つきたての感触がある。「　　」は、（　　）。
　一方、カタカナは角張っているため、「ヒト」「モチ」などのように、カタい印象を与える。たとえば、「ヒト」は、やわらかみがない。「モチ」は、おいしくなさそうだ。「　　」は、（　　）。

メモ欄

●ポイント●

● 問われている部分（──部、及び空欄）は、「カタい印象」の具体例であると同時に、ひらがなの場合との対比関係にあります。それをもとに整理したのが、79ページ「ポイント」の図です。

パート③ よりよい文章にレベルアップさせる

●ポイント●

●問われている部分を図に整理します。

「ヒト」は、やわらかみがない。	⟷	「ひと」は、人間味を感じる。
「モチ」は、おいしくなさそうだ。	⟷	「もち」は、つきたての感触がある。
「　」は、（　　　　　）。	⟷	「　」は、（　　　　　）。
カタい印象		やわらかな印象

「やわらかみがない」は「カタい」とほぼ同じことであり、抽象度に差がないため、「カタい印象」の具体例とは言えません。「おいしくなさそうだ」も、「カタい印象」の具体例であるとは言えません。

パート③

8 言いかえる力 ——同等関係を整える②

① 次の文章の空欄を考え、メモした上で、文章全体を書きなさい。

何か分からないことがあったとき、友だちにたずねる、（ 1 ）、親に聞いてみる、といった他人に頼る方法は、必要な情報だけを素早く教えてもらえるというメリットはあるが、内容の客観性はやや低くなるだろう。一方、（ 2 ）、図書館で調べる、（ 3 ）、といった（ 4 ）方法は、必要でない情報も含まれる中から求める情報を選び出さなければならないというデメリットはあるが、内容の客観性は（ 5 ）。

メモ欄
1
2
3
4
5

●ポイント●
●今回も、同等関係とともに対比関係を意識して考えます。81ページ「ポイント」の図をもとに、考えてみましょう。

パート③ よりよい文章にレベルアップさせる

●ポイント●

●問われている部分を図に整理します。

| 友だちにたずねる |
| （１　　　　） |
| 親に聞いてみる |

　他人に頼る方法　←→　（４　　　　　　）

| （２　　　　） |
| 図書館で調べる |
| （３　　　　） |

79ページではそれぞれの具体例がそれぞれに対比関係にありましたが、今回はそこまで意識する必要はないでしょう。

パート③ 9 変形バージョン ――「ア」だけを説明する①

1 〈お手本〉の文章を、書き写しなさい。

〈お手本〉
服装や髪型などの外見を整えても心の中までは変わらない、と言われたことがある。しかし、実際には、服装や髪型などの外見を整えることで自信がわくため、心の中も自然に整ってくることが多い。

●ポイント●

服装や髪型などの外見を整えても／心の中までは変わらない、と言われたことがある。
（常識では）　ア　は　　　A　である

しかし　実際には、服装や髪型などの外見を整えることで／自信がわくため／心の中も自然に整ってくることが多い。
（実際には）　ア　は　　　2　なため
ため　　B　である

解説は146ページ

❷ 次の文章は、――部が適切ではありません。前後の内容に合わせて書きかえながら、文章全体を書きなさい。

料理で大切なのは見栄えよりも味である、という意見がある。

しかし、実際には、見栄えも味も感覚的なものであり、味よりも見栄えのほうが大切である。

だから、料理を作るときは、味だけではなく、見栄えも大切にしたほうが、料理としての価値は高まると言える。

●ポイント●

- ❶・❷は、「ア」と「イ」をくらべるのではなく、「ア」だけについて、「A」と「B」の両面から考えるようなパターンです。
- ❶では、「服装や髪型などの外見を整えること」が「心（＝内面）を変えるか変えないか」を考えています。
- ❷では、「料理で大切なこと」は「見栄え（＝外側・形式）」か「味（＝内側・実質）」かを考えています。
- ❶・❷ともに「外←→内」という対比関係があるということを、意識しましょう。
- ❷の修正では、因果関係を整理します。

「見栄えも味も感覚である」
（見栄えと味は切り離せない）　　→だから→「　？　」→だから→「見栄えも大切」

パート③ 10 変形バージョン ──「ア」だけを説明する②

1 次の文章は、──部が適切ではありません。これを修正し、空欄を適切に埋めながら、文章全体を書きなさい。空欄の内容は、先にメモすること。

多くの場合、笑うことは、その場にいる人々を明るい気持ちにさせる。しかし、実際には、（　　）ため、その場にいる人々が逆につまらない気分になってしまうということもありうる。だから、時と場合によっては、笑わないことを選択する必要があるだろう。

メモ欄

●ポイント●

●82・83ページと同様、「ア」と「イ」をくらべるのではなく、「ア」だけについて、「A」と「B」の両面から考えるようなパターンです。「笑うことと怒ること」などではなく、「笑うこと」だけについて、その良し悪しを考えているということです。

① 月　日
評価
A　B　C

解説は146ページ

パート③ よりよい文章にレベルアップさせる

●ポイント●

●「逆に」という言葉に注目します。
「明るい」の「逆」ですから、──部をどう変えればよいか、すぐ分かるでしょう。

●そして、そういう気持ちになるのは「なぜ？」と考えます。
その答えが、（　　）に入ることになります。
「笑い」のデメリットについて、考えてみましょう。

パート③ 11 変形バージョン──対比の文を対比する

1 次の文章の空欄を考え、メモした上で、文章全体を書きなさい。

仕事やスポーツにチームで取り組むと、自分の好きなようにはできず苦い思いをすることもあるが、チームで一つの目標を達成したときには、その喜びを皆で分かち合うことができるという良さがある。

一方、チームではなく個人で取り組むと、（1　　　　　　　　）という良さはあるが、（2　　　　　　　　）という寂しさもある。

1のメモ欄

2のメモ欄

● ポイント ●

● 「ア」と「イ」のそれぞれについてメリット・デメリットを述べるパターンの文章です。
どんなものごとにも、良い点・悪い点があります。
それらを一度に伝えたいときには、こういった書き方を選びます。

パート③　よりよい文章にレベルアップさせる

●ポイント●

●あくまでも、型をイメージしながら書いていきましょう。

　ア は、 A だが、 C である。
　一方、 イ は、 B だが、 D である。

　A〜Dのパーツは、次のような関係になります。

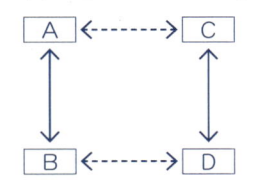

```
A ←------→ C
↑          ↑
↓          ↓
B ←------→ D
```

AとBが対比関係（統一された観点での対比）。
CとDが対比関係（統一された観点での対比）。

「A←→C」「B←→D」は、それぞれがマイナス・プラス（あるいはその逆）の対比関係ですが、必ず統一された観点でくらべなければならないというわけではありません。

パート③ 12 観点の質を高める①

❶ 2つのものごとをくらべて、その違いを考えるとき、様々な観点が浮かんできます。この観点をレベルアップさせるための方法を学びます。まず、〈例〉とその解説をよく読みなさい。

〈例〉

自転車		三輪車
1 タイヤが二つ	←だから→	タイヤが三つ
2 バランスが悪い	←だから→	バランスが良い
3 幼い子どもには向かない	←だから→	幼い子どもに向いている

〈解説〉自転車と三輪車の違いを考えるとき、誰もがすぐ浮かべるのが「タイヤの数」です。これは客観性が高い観点ですが、独自性は低いと言えます。そのとき、「だから？」と自問することで、気がつきにくい観点、独自性の高い観点にたどりつくことができるようになります。

●ポイント●

●上記の解説を補足します。

客観性が高い内容……10人中8人以上が納得するような内容
独自性が高い内容……10人中2人以下しか思いつかないような内容

客観性と独自性を両立させることは、書くことの大目標であると言えます。
88、89ページの技術を学び、その目標に少しでも近づけるようにしましょう。

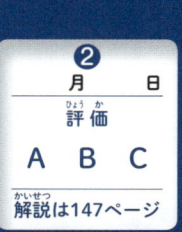

❷ 月　日　評価　A　B　C
解説は147ページ

❷

自転車と三輪車の違いを、別の角度から考えていきます。❶の考え方に従って、次のそれぞれの空欄を埋めなさい。

	自転車		三輪車
1	タイヤが（　　）←だから	↕	タイヤが（　　）←だから
2	ひとこぎで進める距離が長い←だから	↕	ひとこぎで進める距離が短い←だから
3	（　　）←だから	↕	（　　）←だから
4	移動手段になる←だから	↕	移動手段にはならない←だから
5	（目的地で）駐輪する必要がある←だから	↕	駐輪する必要はほとんどない←だから
6	（　　）が必要←↕→（　　）は不要		

●ポイント●

● 「だから」で分かりづらい場合は、「なぜなら」にして逆からたどってみます。この技術を、いつでも活用できるようにしましょう。

● 実際に自転車に乗っているところ、三輪車に乗っているところを想像してみましょう。単に、自転車と三輪車の写真をくらべているような見方で考えると、思い浮かびません。なお、このあたりについては、次の90・91ページで学びます。

パート③ 13 観点の質を高める②

❶ 2つのものごとをくらべて、その違いを考えるとき、様々な観点が浮かんできます。この観点をレベルアップさせるための方法を学びます。まず、〈例〉と〈解説〉をよく読みなさい。

〈例〉

	校庭		体育館
1	広い	↕	狭い
2	同時に二試合を行いやすい	↕	同時に二試合を行うのは難しい
3	地面に多少の凹凸がある	↕	床に凹凸はない
4	転びやすい	↕	転びにくい
5	壁がない	↕	壁がある
6	ボールが遠くまで転がって行ってしまう	↕	ボールが遠くまで転がって行くことはない

〈解説〉
静的観点（写真的観点）……1・3・5
動的観点（映像的観点）……2・4・6

私たち人間が関わる場面を想定するのが、動的観点であると言えます。

●ポイント●

●観点をレベルアップさせるための方法①
〈動的観点でとらえる〉
　映像を見くらべているような観点、人との関わりが強い観点でとらえると、独自性が高くなりやすい。
　⇕
〈静的観点でとらえる〉
　写真を見くらべているような観点、人との関わりが弱い観点でとらえると、独自性が低くなりやすい。

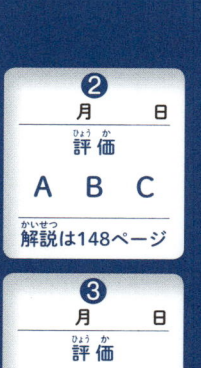

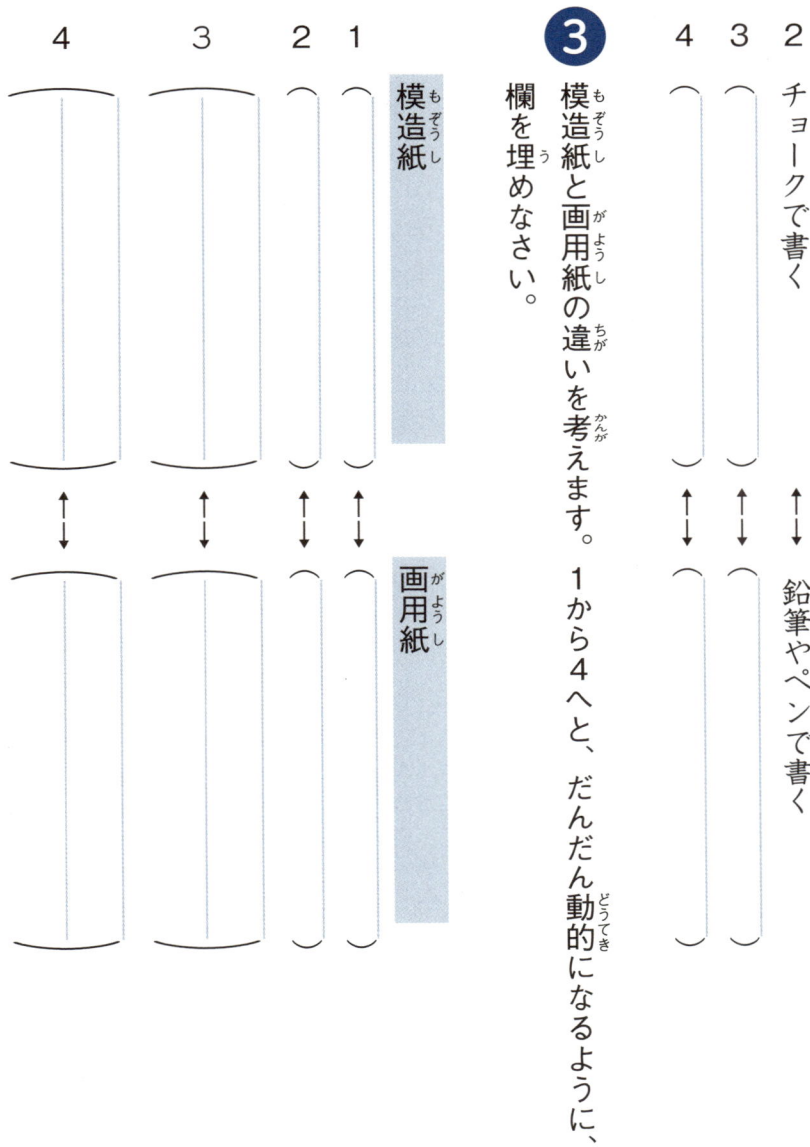

② 黒板とノートの違いを考えます。できるだけ動的な観点になるように、空欄を埋めなさい（1は静的観点、2はやや動的観点になっています）。

	黒板	ノート
1	大きい	小さい
2	チョークで書く	鉛筆やペンで書く
3		
4		

③ 模造紙と画用紙の違いを考えます。1から4へと、だんだん動的になるように、空欄を埋めなさい。

	模造紙	画用紙
1		
2		
3		
4		

●ポイント●

● 観点をレベルアップさせるための方法②

〈無形の観点でとらえる〉〈心理的観点でとらえる〉

心の中など、形のないもの、目に見えないものをとらえるつもりで考えると、独自性が高くなりやすい。

↕

〈有形の観点でとらえる〉〈物理的観点でとらえる〉

形のあるもの、目に見えるもの（有形物）をとらえる観点では、独自性が低くなりやすい。

● 黒板・ノート、模造紙・画用紙を、物としての違いだけでなく、使うときの利便性、あるいは使うときの心理などにおける違いをもとにくらべていくとよいでしょう。

パート③ よりよい文章にレベルアップさせる

パート③ 14 観点の質を高める③

❶ 次の★の文章は、観点に客観性がありません。──部を考え、文章全体を書き直しなさい。〈観点をレベルアップさせる〉の空欄を埋めながら──部を考え、文章全体を書き直しなさい。

★ カレーライスはおいしいので好きだ。でも、カレーパンはおいしくないので嫌いだ。

〈観点をレベルアップさせる〉

カレーライス	カレーパン
1 （　　　　　　）←だから	（　　　　　　）←だから
2 （　　　　　　）↕	（　　　　　　）

●ポイント●

● 「おいしい」「まずい」「好き」「嫌い」といった、**意味の広すぎる感覚的な表現は、作文の中でなるべく使わない**ようにしましょう。人によって判断が大きく異なる、主観的な文章になってしまいます。

● それでも、食べ物については、味の感覚に触れないわけにもいきません。そういうときは、もう少し**意味を狭くして**、甘みが強い、辛みを感じやすい、舌触りがよいなどといった表現を探します。あるいは、冷たいか温かいかといった「食感」について述べるのも、よいでしょう。

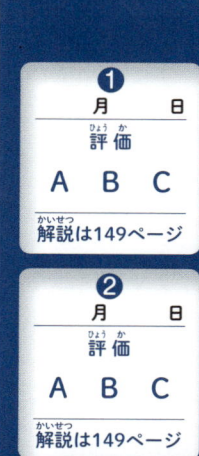

② 次の★の文章は、観点に独自性がありません。〈観点をレベルアップさせる〉の空欄を埋めながら――部を考え、文章全体を書き直しなさい。

★五〇メートル走は距離が短いが、一〇〇メートル走は距離が長い。だから、五〇メートル走より一〇〇メートル走のほうが大変だ。

〈観点をレベルアップさせる〉

五〇メートル走 1( ) ↕ 一〇〇メートル走
　　　　　　　 2( ) ↕ ( )

● ●ポイント●

● 「大変だ」という言葉もまた、人によって感じ方の異なる、意味の広すぎる主観的な表現になってしまっています。
「大変だ」と思っても、それをすぐそのまま言葉にしてしまうのではなく、「何がどう大変なのか」「なぜ大変なのか」などと考えるステップを、入れるようにしましょう。

パート③
15 題材の質を高める

① 何と何をくらべるかを考えます。次のaとbのうち、考える価値が高いと言えるほうにマルをつけなさい。〈解説〉を参考にすること。

a 小学一年生と小学六年生をくらべて、違いを考える。
b 小学五年生と小学六年生をくらべて、違いを考える。

〈解説〉くらべるものの間に初めから大きな違いがあるものよりも、小さな違いしかなく一見似ているように思えるもののほうが、考える価値が高いと言えます。たとえば、夏と冬の違いのように分かりきったことをあらためて考えるよりも、春と秋の違いを考えるほうが、観点を考えるのに時間がかかり、その分だけ思考力が高まります。

② 次のaとbそれぞれについて、何とくらべればよいかを考え、空欄を埋めなさい。

a 電子レンジ ↔ （　　　　）
b 金魚 ↔ （　　　　）

●ポイント●

●「何と何をくらべるか」というのは、200字メソッドの型では、「ア」と「イ」の関係に当たります。つまり、文章を書く上での題材です。

３ 次の各文章が何と何をくらべているのかを考え、空欄を埋めなさい。

（1）（　　　）は、流れ去るため、止んだあと長期間に渡って交通に影響することは少ない。一方、（　　　）は、積もるため、止んだあとも長期間に渡って交通に影響することがある。

（2）「（　　　）」は、入院用のベッド数が二〇以上ある場合の呼び方である。それに対して、「診療所」は、入院用のベッド数が一九以下の場合の呼び方である。

（3）（　　　）は、力関係や人数が対等に近い状況で起こる。他の人々の前で公然と行われることもある。一方、（　　　）は、力関係や人数が対等でない状況で起こる。他の人々の前で公然と行われることは少ない。

●ポイント●

● **「共通するものごとの相違点をとらえる」** ことは、理解すなわち区別して整理することの本質です。この本の題材の多くはその考え方で作られていますが、ほかにも無数に題材はあります。アパートとマンションはどう違うか。幼稚園と保育園はどう違うか。ハリケーンと台風はどう違うか。「自慢する」と「誇る」はどう違うか。「違う」と「異なる」はどう違うか……などなど。1日1つ見つけて、文章にしてみるとよいでしょう。

● 一方で、「相違するものごとの共通点をとらえる」ことにも、一定の価値があります。ただし、中途半端に「違う」のではなく、ほとんど無関係であるようなものごとです。たとえば、エレベーターとバスの共通点は、何でしょうか。たとえば、「待たされてイライラしやすい」「客が多いと到着が遅くなるが、いなければ早くなる」などでしょう。

「読書感想文」への応用方法は、ズバリこれ！

ここでも、64ページで述べた手順を厳守します。

誰もが困った経験のある、「読書感想文」の書き方・考え方を、伝授しましょう。

まず骨組み！ 次に肉づけ。

これを守らないと、失敗します。

失敗の最たる例は、これです。

物語本文の「部分的抜き書き」作文になってしまう。

人物の、きわめて具体的な行動やセリフ、すなわち肉づけ部分を、これでもかこれでもかというくらいに抜き書きして、羅列してしまうのです。

これを避けるためには、次の具体的操作が有効です。

書くときは、思い切って本を閉じる！

なぜ、あらすじとすら言えないような「部分的抜き書き」作文になってしまうのか。それは、物語の本文に頼り切っているからです。もっと言えば、本を開いているからです。

まず、本を閉じましょう。そして次は、これです。

心に残った「変化」を探す！

最も分かりやすいのは、主人公の心情変化です。

世の中のほとんどの物語は、主人公の成長を描いています。それは、身体的・能力的な変化・成長の場合もありますが、何よりもまず、心情の変化です。ここで言う「心情」には、「ものの考え方」「人間関係の変化」なども含まれます。これらは多くの場合、「人間関係の変化」をとおして語られます。

そして、これらのあらゆる変化は一般に、対比的になります。マイナスからプラスへの対比的変化を遂げるのです。

そこで、最後はこれです。

自分自身が体験した「対比的変化」と重ね合わせる！

さあ、続きは、120〜123ページで勉強しましょう。

パート④
全体を自力で書く

☆

パート2では、自転車における補助輪や、水泳におけるビート板・ヘルパーに当たる手助けを得ながら、練習を積みました。

パート3では、自転車における危険な運転や、水泳における間違った泳ぎ方を自ら修正するかのように文章を直し、さらにレベルアップさせていくための練習を積みました。

そして、このパート4では、いよいよ全体を自作します。泳いでどこへでも行ける。自転車でどこへでも行ける。そういう境地に至るまで、もう少しです！

パート④ 1 指定された題材で書く①

1 次のページの「ポイント」に示された型を用いて、文章を作りなさい。その際は、このページの「ポイント」に書かれた内容をヒントにし、次の「ア・イ」「1・2」「A・B」をメモしてから書くこと。

ア……
イ……
1……
2……
A……
B……

●ポイント●

● 「ア・イ」は次の中から選びます。「1・2」「A・B・C」は自分で考えます。

ア……宅配ピザ
イ……レストランで食べるピザ

ア……レトルトカレー
イ……自宅で作るカレー

● うまく書けない場合は、巻末の解説に書かれた文例を写してみましょう！

1 月 日
評価
A B C

解説は151ページ

パート④ 全体を自力で書く

・●ポイント●

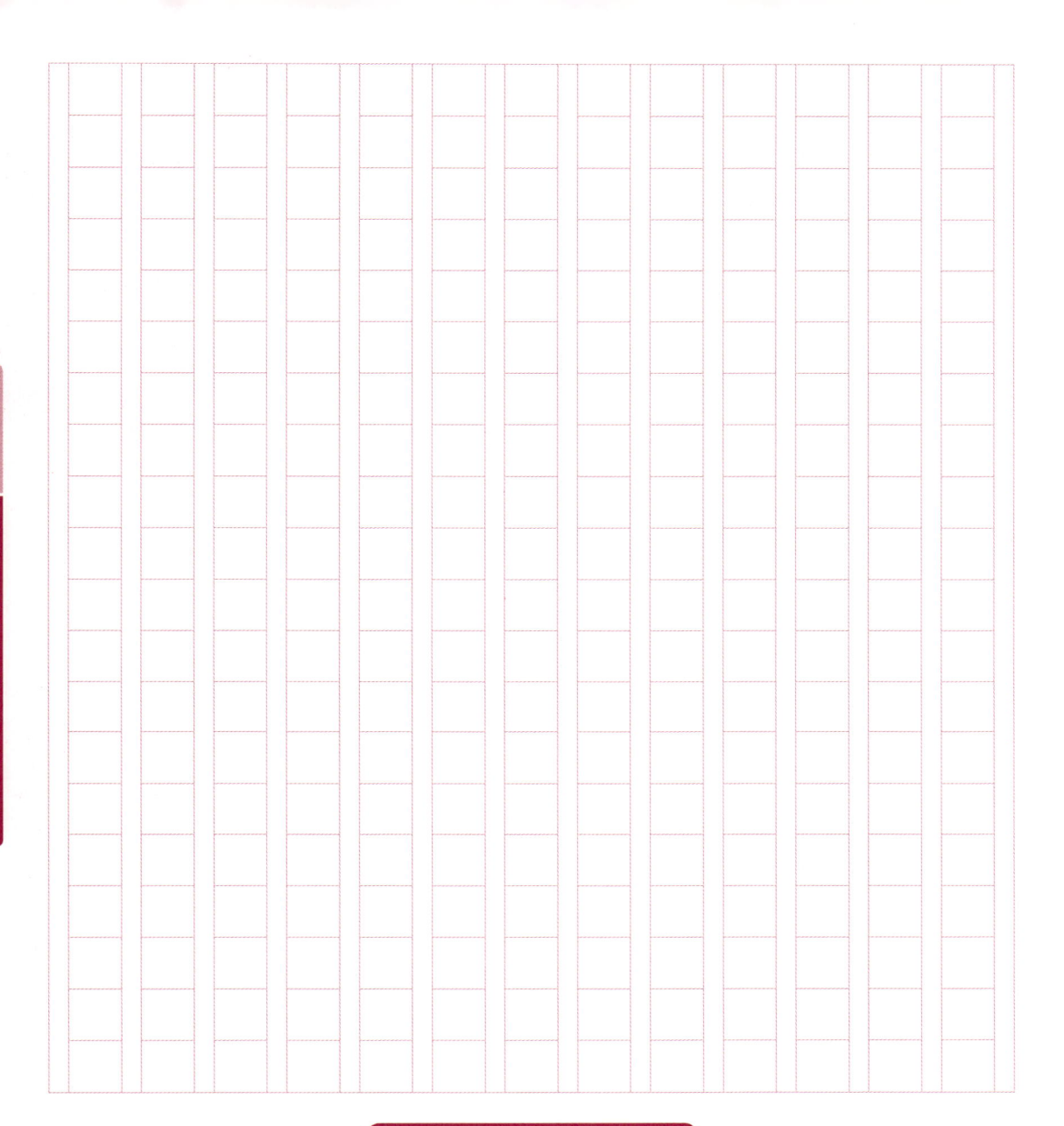

●ふくしま式200字メソッド　基本の型
　ア は、／ 1 （な） ため ／ A である。
　しかし、イ は、／ 2 （な） ため ／ B である。
　だから、ア よりも イ のほうが／ C であると言える。
●もちろん、これまでに学んできた様々な型を参考に、型の一部を変えてもかまいません。

パート④-2 指定された題材で書く②

1 次のページの「ポイント」に示された型を用いて、文章を作りなさい。その際は、このページの「ポイント」に書かれた内容をヒントにし、次の「ア・イ」「1・2」「A・B」をメモしてから書くこと。

ア……
イ……
1……
2……
A……
B……

●ポイント●

● 「ア・イ」は次の中から選びます。「1・2」「A・B・C」は自分で考えます。
ア……テレビでニュースを知る場合
イ……インターネットでニュースを知る場合
ア……ラジオでスポーツ中継を聞く場合
イ……テレビでスポーツ中継を見る場合
ア……分からないことを図書室の本で調べる場合
イ……分からないことをインターネットで調べる場合
● うまく書けない場合は、巻末の解説に書かれた文例を写してみましょう！

解説は151ページ

パート④ 全体を自力で書く

●ポイント●

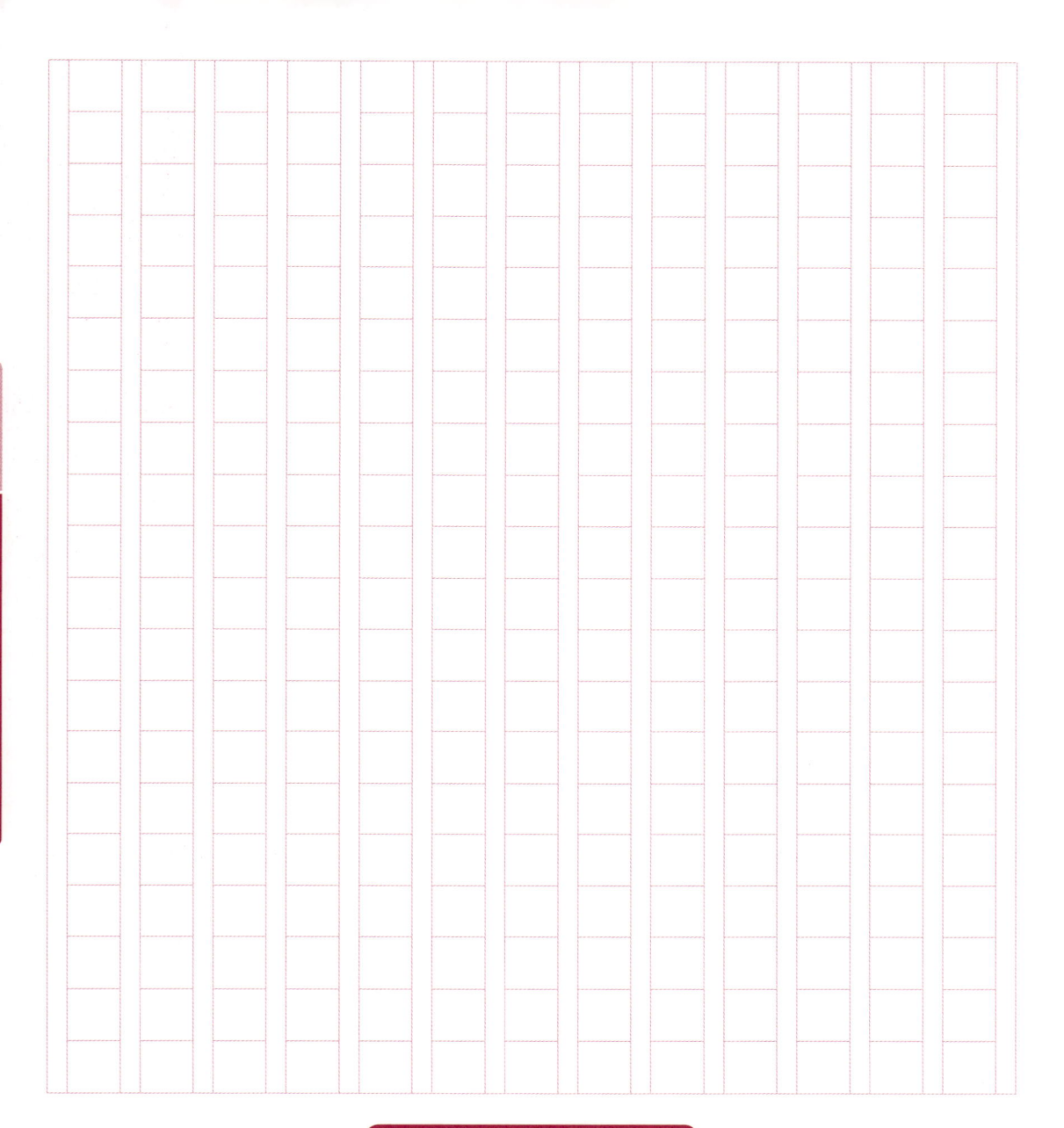

- ●ふくしま式200字メソッド　基本の型

　ア　は、／　1　（な）ため／　A　である。

　しかし、イ　は、／　2　（な）ため／　B　である。

　だから、ア　よりも　イ　のほうが／　C　であると言える。

- ●もちろん、これまでに学んできた様々な型を参考に、型の一部を変えてもかまいません。

指定された題材で書く③

パート④
3

① 次のページの「ポイント」に示された型を用いて、文章を作りなさい。その際は、このページの「ポイント」に書かれた内容をヒントにし、次の「ア・イ」「1・2」「A・B」をメモしてから書くこと。

ア……
イ……
1……
2……
A……
B……

●ポイント●

● 「ア・イ」は次の中から選びます。「1・2」「A・B・C」は自分で考えます。
ア……失敗のある一日
イ……失敗のない一日
ア……新しい方法を試すということ
イ……今までの方法で行うということ
● うまく書けない場合は、巻末の解説に書かれた文例を写してみましょう！

解説は152ページ

パート④ 全体を自力で書く

●ポイント●

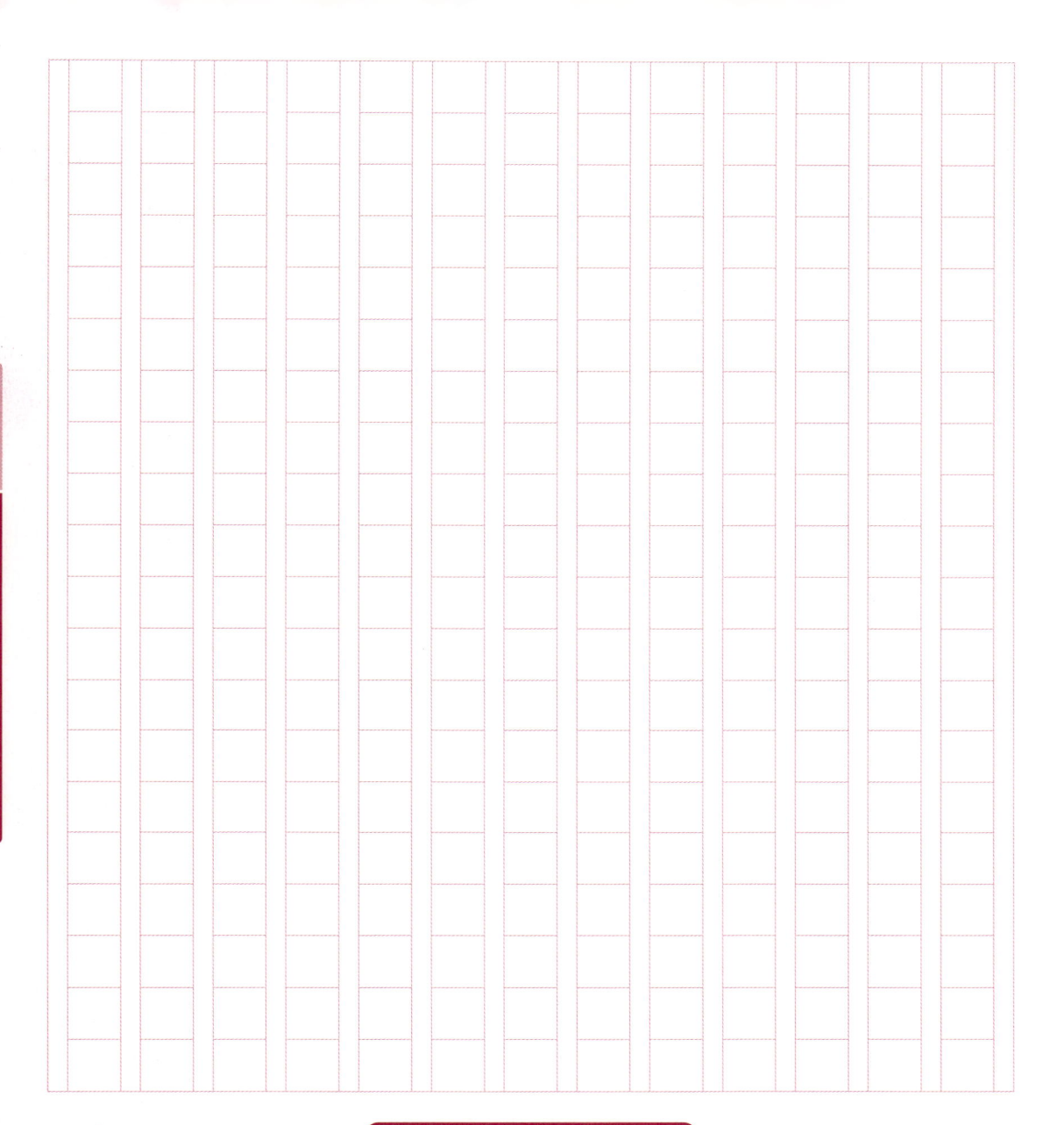

- ●ふくしま式200字メソッド　基本の型

　ア　は、／ 1 （な）ため ／ A である。
　しかし、イ　は、／ 2 （な）ため ／ B である。
　だから、ア　よりも イ　のほうが／ C であると言える。

- ●もちろん、これまでに学んできた様々な型を参考に、型の一部を変えてもかまいません。

パート④
4 指定された観点で書く①

1 次のページの「ポイント」に示された型を用いて、文章を作りなさい。その際は、このページの「ポイント」に書かれた内容をヒントにし、次の「ア・イ」「1・2」「A・B」をメモしてから書くこと。

ア……
イ……
1……
2……
A……
B……

●ポイント●

- 「1・2」または「A・B」を次の中から選びます。「ア・イ」および「C」は自分で考えます。

1またはA……自由
2またはB……不自由

1またはA……つながっている
2またはB……つながっていない

- うまく書けない場合は、巻末の解説に書かれた文例を写してみましょう！

①
月　日
評価
A　B　C
解説は153ページ

パート④ 全体を自力で書く

●ポイント●

- ●ふくしま式200字メソッド　基本の型

　ア は、／ 1 （な）ため ／ A である。

　しかし、 イ は、／ 2 （な）ため ／ B である。

　だから、 ア よりも イ のほうが／ C であると言える。

- ●もちろん、これまでに学んできた様々な型を参考に、型の一部を変えてもかまいません。

パート④
5 指定された観点で書く②

1 次のページの「ポイント」に示された型を用いて、文章を作りなさい。その際は、このページの「ポイント」に書かれた内容をヒントにし、次の「ア・イ」「1・2」「A・B」をメモしてから書くこと。

ア：
イ：
1：
2：
A：
B：

●ポイント●

● 「1・2」または「A・B」を次の中から選びます。「ア・イ」および「C」は自分で考えます。
1またはA……遠い関係にある
2またはB……近い関係にある
1またはA……形式的
2またはB……実質的
● うまく書けない場合は、巻末の解説に書かれた文例を写してみましょう！

① 月　日
評価
A B C

解説は153ページ

パート④ 全体を自力で書く

●ポイント●

●ふくしま式200字メソッド　基本の型

　ア は、／ 1 （な） ため ／ A である。

　しかし 、 イ は、／ 2 （な） ため ／ B である。

　だから 、 ア よりも イ のほうが／ C であると言える。

●もちろん、これまでに学んできた様々な型を参考に、型の一部を変えてもかまいません。

パート④
6 完全に自由に書く①

❶「ア・イ」「1・2」「A・B」をすべて自分で考えてメモし、型についても、これまで出てきた型の中から自分で選び、文章全体を書きなさい。

ア…
イ…
1…
2…
A…
B…

●ポイント●

●ここまで、たくさんの文章を書いてきたあなたは、型どおりに書くことにだいぶ慣れてきたはずですから、「あえて型をくずす」という書き方をしてもかまいません。たとえば、「2」のパーツを「1」より長くする、3文めのあとに4文めをつけて補足説明をするなど、読みやすく、分かりやすくするための工夫であれば、どんどんチャレンジしてよいのです。

❶ 月　日
評価
A B C
解説は154ページ

パート④ 全体を自力で書く

●ポイント●

● 「型をくずす」場合でも、「3つの力」を意識的に使うことを忘れてはなりません。少しでも迷ったら、いつもこの本の初めに書かれた解説を見直すようにしましょう。

パート④ 7 完全に自由に書く②

1 「ア・イ」「1・2」「A・B」をすべて自分で考えてメモし、型についても、これまで出てきた型の中から自分で選び、文章全体を書きなさい。

ア：
イ：
1：
2：
A：
B：

●ポイント●

●何を書けばよいか見当もつかないという場合は、まず、分野を絞り込みましょう。スポーツ、ゲーム、勉強（各教科）、動物、植物、食べ物、衣服、宇宙、……等々。そして、95ページでも扱ったように、できるだけ類似したものごとをくらべる文章にします。

パート④ 全体を自力で書く

● ポイント ●

●これまでに出てきた文章に反論するような内容で書くのも、面白いかもしれません。きっと、「そんなはずはない」「逆じゃないか」と思った文章が、1つや2つは、あったはずです。ページを戻って探し、そういう題材で書いてみるのもよいでしょう。

ハイレベルな「読書感想文」を書くためにできること

96ページで、一般的な読書感想文の書き方・考え方について、述べました。

しかし、もっと上を行く書き方があります。

それは、**2冊の本を読み比べて書く**ということです。

「ハイレベル」という見出しをつけましたが、1冊の本の中から対比関係を見つけるよりも、ある意味では簡単かもしれません。なぜなら、対比すべきものが最初から明確だからです。

ただし、物語・小説を2冊選んでくらべようとすると、それはやはりハイレベルになります。「観点の限定」あるいは「観点の統一」が、なかなか難しいからです。

もし、感想文の課題図書が自由であるのなら、評論文を選んではいかがでしょうか。地球環境について述べた本、生態系について解説した本、世界の国々の動向を分かりやすく図示した本、各国の言語をくらべて説明した本などの中には、小学生でも読めめる本、小学生向けに書かれた本が、たくさんあります。たとえば、各国の言語について書かれた2冊の本を選び、両方を読みます。

一見すると、似たような本に思えるかもしれません。

しかし、よく読めば、必ず違いに気づきます。片方では、日本語と英語をくらべて日本語の優れた点をたくさん挙げているけれども、もう片方の優れた点を多く挙げているようだ。

片方では、日本語の中に溶け込んでいる外国語（外来語）のことを詳しく書いているけれども、片方では、日本語が日本語（和語）として独自に生き残ってきた姿を重視して紹介している。

こんなことに気がつけば、しめたものです。

類似した本、共通点が多いように思える本であればあるほど、そういう相違点に気がついたときのうれしさは、大きくなります。

これはもう、感想文ではなく、立派な評論文です。

類似した2冊の本を読み、読書評論文を書こう！

ぜひ、実践してみましょう。

パート⑤ 要約力を身につける

☆

パート4までは、純粋な「発信」を練習してきました。

このパート5では、純粋な「受信してから発信する」練習です。

自分自身の考えたことを、自分自身の言葉で書くこと。

それが、純粋な「発信」、つまり「構成」の作業です。

それに対して、他者（作者・筆者）の考えたことを、読み手が自分自身の言葉で整理し直して書くこと。

これが、「受信してから発信する」こと、つまり「再構成」の作業です。

このように、再構成はステップが2つになるため、難しいのです。

しかし、読解問題で記述答案を作るためにも、いや、それだけでなく、今後、他者の書いた文章を自由に読みこなせるようになるためにも、再構成の練習は、不可欠なものであると言えます。

そして、最もシンプルにして奥深い再構成の作業が、「要約」なのです。

パート⑤
1 説明的文章を要約する①

1 次の文章全体を、200字メソッドの型を用いて要約します。要約とは、文章を「骨組み」だけにすることです。115ページの〈要約文〉の空欄を埋める形で考え、全体を書きなさい。

　「あすは、すっかり晴れて、良い天気になるでしょう」
　「今日は、雨ですね。あいにくの悪天候ですね」
　天気予報で耳にすることの多いこういった表現について、不思議に感じられることがある。それは、「晴れは良い天気」「雨は悪い天気」と言い切ってしまっていることだ。
　かさやレインコートを売る仕事をしている人にとってみれば、「晴れは悪い天気」で「雨は良い天気」だろう。また、なかなか雨が降らず田んぼの稲に水がいきわたらなくて困っている農家の人にとっても、「晴れは悪い天気」で「雨は良い天気」だ。すべての人にとっていつも「晴れは良い天気」で「雨は悪い天気」であるとは言い切れないわけだ。
　だから、天気予報を伝える人は、ただ「晴れるでしょう」「雨が降るでしょう」と言うだけにし、「良い天気になるでしょう」「悪い天気ですね」などと価値観を表現することをひかえるべきであろう。

●ポイント●

●「要約」とは、長い文章の要点（大切な点）を残しながら、短い文章にすることです。骨組みを残し肉づけを捨てる、抽象化の作業です。
●要約する力は、読解力そのものであるとも言えます。200字メソッドによって文章を要約する練習を積めば、読解力も自然に上がっていきます。

〈要約文〉

晴れは良い天気だと思う人もいるが、①□。一方、雨は悪い天気だと思う人もいるが、②□。だから、天気予報を伝える人は、③□。

〈メモ〉
①
②
③

・**ポイント**

● 今回の型は、86・87ページと似ています。おさらいしながら、取り組んでみましょう。

パート⑤ 要約力を身につける

パート⑤ 2 説明的文章を要約する②

① 次の文章の【 】の範囲を、200字メソッドの型を用いて要約します。あとの〈要約文〉の空欄を考えてメモした上で、全体を書きなさい。

私は日本人である。だから、日本人を否定するような文章を読むと、当然、つらい気持ちになる。おまけに、日本人はどうも自らを否定するのが好きなようで、それもまた、気持ちを暗くさせる。

とはいえ、次のような言い分には、一定の正しさを感じざるを得ない。ああ、たしかにそうかもなあ、と思うのである。

【西洋人は、ひとと違うことを恐れない。相手との関係をよくしたいと思うからこそ、相手ととことん議論する。その中で、相手との意見の違いがはっきり浮かび上がってくる場面も多々あるが、そのつど感情的になったりはしない。その分だけ、新しいステップへと進める可能性も高くなる。

ところが、日本人は、相手と意見の違いが生じると、そのことにためらいを覚える。違っていることから目をそらし、まあそうかもしれないね、などと相手に同調し、無理に自分の意見を曲げ、笑顔をつくる。感情に流されてしまう。そういう関わり方をしていると、建設的な議論をできないことが多い。】

●ポイント●

●対比関係を見つけるためには、まず、「反対語」を探すことです（A ←→B）。それが見つからなければ、「否定表現」を探します（Aである←→Aではない）。
今回の文章では、議論できる・できない、感情に流される・流されない、などといった対比関係を見つけることができるかどうかが、ポイントになります。

① 月　日
評価
A　B　C
解説は156ページ

〈要約文〉

西洋人は、 ① （な）ため、Ａ である。
一方、日本人は、 ② （な）ため、Ｂ である。

〈メモ〉

Ｂ　Ａ　２　１

パート⑤　要約力を身につける

●ポイント●

- 要約する際には、言葉を削ったり、思い切って補足したりすることが必要になります。「思い切って」というのは、ここでは、「本文中にはっきり書いていなくとも」という意味です。日本人のほうには書いてあるが、西洋人のほうには書いていないように思える。あるいはその逆。そういう「パーツ」も、勝手に補ってよいのです。なぜなら、この文章は対比関係で書かれていることが明確であり、片方に「できる」とあれば、もう片方は「できない」ということだろうと推測可能だからです。
- これまでどおり、型に示された「である」などの部分は文章に応じて変えてかまいません。

パート⑤ 3 説明的文章を要約する③

① 次の文章全体を、200字メソッドの型を用いて要約します。左ページの〈要約文〉の空欄を埋める形で考え、全体を書きなさい。

人間と他の多くの動物とをくらべたとき、大きな違いの一つとして挙げられるのは、時間と空間を超越する想像力の有無についてであろう。

多くの動物は、「獲物はいつ頃現れるか」「捕まえたい獲物がどこにいるのか」などということを"考えて"行動することはない。いわば、「今・ここ」のことに反応するだけだ。ところが人間は、「今・ここ」を離れ、過去と未来あるいは目に見えない場所を想像することができる。この人間の能力は、「自己を離れる」ことにも通じている。私たちは、自分自身のことを忘れ、他者のことを考えることができる。それは、「今・ここ」を超える力の一部であると言えよう。

しかし、こういった力があるからこそ、私たちは苦悩を味わうことにもなる。終わったはずの失敗を忘れられず悩み、まだ得られていない成果を皮算用して失敗し、あるいは、遠方に住む友だちのことを心配し、未来のわが子の人生について考えすぎて誤った判断をしてしまう。すべては、「今・ここ」を離れる想像力があるからこそである。私たちは、日々の苦悩から解き放たれるために、ときには意識的に「今・ここ」の中に閉じこもる必要があるのかもしれない。

●ポイント●

- ●「今・ここ」の「今」は時間を、「ここ」は場所、つまり空間を表しています。ですから、「今・ここ」は、「時間・空間」に言いかえることができます。
- ●2段落めの「……想像することができる。この人間の能力は、……」に注目すると、「想像力」という言葉が浮かんできます。この言葉を利用すれば、パーツ「1・2」の対比関係をきれいに整理することができます。

①
月　日
評価
A　B　C

解説は156ページ

《要約文》

動物は、 1 （な）ため、 A である。

しかし、人間は、 2 （な）ため、 B である。

だから、私たちは、 C であると言える。

● ポイント ●

●文章をパーツに当てはめていく際、重要な手がかりとなるのは、接続語です。

たとえば、「こういった力があるからこそ」の「から」に注目します。これは、パーツ「1・2」と「A・B」との間の「ため」に該当します。

接続語というのは、段落の頭につく「だから」「しかし」などだけではありません。文中につく「から」「ので」「ため」「が」なども、立派な接続語です。忘れずにマークし、読解に生かしていく必要があります。

パート⑤　要約力を身につける

パート⑤ 4 文学的文章を要約する

● 次の文章を読み、122ページの指示に従いなさい。

朝、始業前の教室。アヤコは、近くの席にたむろして話すマユミたちの会話を耳にして、ドキッとした。
「ねえねえ、友だちの数って、やっぱり多いほうがいいよね。あたし、だいたい九人だよ。サチコは？」
「うーん。八人かな。一人負けちゃった。……アヤコは？」
急に振られたアヤコは戸惑った。マユミやサチコとも、一緒に遊ぶことはある。でも、仲良し、という感じにはちょっと足りない。本当に仲良しと思える子は、一人しかいなかった。幼なじみのユリだ。
「私は……七人かな」
アヤコは、そう答えた自分を後ろめたく思いながら、軽く笑顔を返した。マユミとサチコが「へーけっこう多いんだ」などと言っているうちに授業が始まった。

中休みになると、隣のクラスのユリが、いつものように廊下からアヤコに手招きしてきた。
「アヤ、一緒に遊ぼう」
アヤコは廊下まで行ったが、黙ったまま、ユリの隣を通り過ぎた。
ユリは驚いて、その場にしばらく立ち尽くしていたが、アヤコが廊下を曲がり見えなくなると、心配そうな顔をしながらも、しかたなく自分の教室へ戻って行った。

その日の夜。
アヤコは、何をするでもなく自分の部屋で机につくと、心の中でつぶやいた。(友だちがユリ一人だなんて、言えないよ。……それに、ユリって、本当に私の友だちかな。本当に私の友だちって、何なのかな。マユミは？ サチコは？ ……一緒に学校で遊ぶだけで、友だち？ ……)
いろいろと考えているうちに、アヤコはいつのまにか机に顔を伏せたまま眠ってしまった。

明くる朝、いつもの暑さで目が覚めた。そのモヤモヤを、ユリと半分ずつ分け合って軽くなったような、そんな感じがした。

「あっ、今日はプールの日だった！」

アヤコは、あわてて準備をして、朝ご飯も食べずに学校へと走った。

プールでは、今度参加する全校水泳大会の練習が行われた。アヤコたちは、自由形のリレーに出るのだ。マユミもサチコも別々のチームだったが、アヤコとユリは、たまたま同じチームだった。

「ヨーイ」……バン！

ピストルの合図で、レースがスタートした。アヤコはアンカーだった。ところが、いつもは泳ぎの速いアヤコが、今日は水を飲み込んでしまい、なんと、途中で立ってしまったのだ。

なんとかゴールしたアヤコのところへ、ユリが、まだ息を切らせながらも、笑顔で近づいて来た。

「アヤコ、ドンマイ！　体調、悪いんじゃない？　一緒に休もうよ」

しばらくの間、ユリは、プールサイドでアヤコと一緒に座っていた。お互い、何を話したわけでもない。しかし、アヤコは、昨日の夜のモヤモヤした気持ちがほぐれ

ていくのを、感じていた。そのモヤモヤを、ユリと半分ずつ分け合って軽くなったような、そんな感じがした。

（やっぱり、ユリは、大切な友だちだよね……）

そして、いよいよ水泳大会の日。

アヤコたちのチームは、見事に優勝した。アヤコとユリは、手を取り合って喜んだ。喜びが二倍になったような、そんな感じがした。

アヤコは思った。

（一緒にいると、嫌なことが半分になる。うれしいことは二倍になる。そういうのが、本当の友だちかもね。これからも、ユリ、私は、ユリ一人さえいれば満足だよ。よろしく）

1

120・121ページの文章全体を、200字メソッドの型を用いて要約します。あとの〈考え方〉を見ながら〈要約文〉の空欄を考え、メモした上で、全体を書きなさい。

〈要約文〉

アヤコは、初めのうちは、_①_。ところが、あとになると、_②_。こうした変化のきっかけは、失敗や成功をユリと共有する体験だった。

〈考え方〉

（1）本当に仲良しと思える子は、一人しかいなかった／「私は……七人かな」アヤコは、そう答えた自分を後ろめたく思いながら…

↓抽象化

①

（2）一緒にいると、嫌なことが半分になる。うれしいことは二倍になる。そういうのが、本当の友だちかもね／ユリ一人さえいれば満足だよ

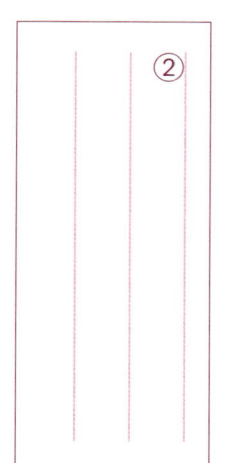

↓抽象化

②

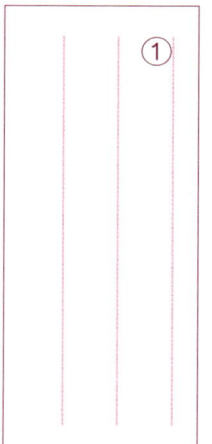

●ポイント●

● 「友だち」というものについての考え方の変化を表現したお話です。テーマが1つであるという点で、82〜85ページと似たパターンであると言えます。

● 〈要約文〉の「こうした変化のきっかけは」は、「なぜなら」と似ています。基本の型の「イは2なためBである」を、「イはBである。なぜなら2だから」とした形です。

2 友だちというものに対する考え方・感じ方がアヤコと同じように変化したことはありませんか。その具体的体験を挙げなさい。これは、先ほどとは逆に、①・②を具体化する作業です。

①

②

● ポイント ●

●今回の課題は、実は読書感想文にそのまま生かすことができます。

──読書感想文を書くための２ステップ──
ステップ１〈抽象化〉……122ページの❶のように、文章の骨組みを整理する。
ステップ２〈具体化〉……123ページの❷のように、骨組みに肉づけをする。

ステップ２は、自らの体験をもとにするのが理想です。
もし体験がなければ、きっと自分はこう考えるだろう、といった予想でもかまいません。
ステップ１で本文すなわち他者の言葉を整理し、ステップ２で自己の言葉を整理する。
これが、読書感想文の鉄則なのです。
もし、お話（本文）のメッセージに反論したい場合は、ステップ２を、本文と対比的な内容にしてもかまいません。

パート⑤ 要約文をレベルアップさせる①

1 次の文章全体を、あとの☆の文章のように要約しましたが、あまり適切な書き方になっていません。これを、よりよい答案にするための方法としてまちがっているものを、あとのア〜カからあるだけ選び、記号にマルをつけなさい（完全解答＝すべてできて正解）。

テレビのニュースでは、今起こっている出来事を生放送で知ることができ、速報性が高い。また、映像と音声があるため、ニュースの内容に真実味が増す。一方、新聞では、情報を手に入れられるまでに時間がかかる。「号外」といえども、テレビには劣る。また、新聞は文字と写真で伝えるしか方法がなく、情報の真実味が薄れる。

しかし、テレビにも欠点はある。大事件の際など、テレビではどの局をつけてもすべて同じニュースしか流されていないといったバランスの悪さが多々見られる。視聴率を優先すべく、大きなニュースを中心に取り上げるためだ。それに対して、新聞は、たとえ大事件があっても小さなニュースをないがしろにはしない。より多くの情報をバランス良く入手するには、新聞が適している。

●ポイント●

● ほとんどの文章、特に読解問題に出される文章というのは、そもそも、形式がやや乱れた文章であることが普通です。整理され尽くした文章であれば、それを題材にして問いを作ることなど不可能であり、だからこそ、乱れた文章が出題されるわけです。

● そういう文章とくらべれば、今回の文章はだいぶ整理されているほうですが、それでも一部に乱れた部分があります。それを、これまでに学んできた技術によって修正するというのが、今回の課題です。

● 126・127ページの「ポイント」も参照しましょう。

（☆直す必要のある要約文）

テレビは速報性が高く、映像と音声によって情報の真実味が増すが、新聞は号外といえども速報性が低くなる。一方、テレビは、大事件の際などには視聴率を優先すべく大きなニュースを中心に取り上げるが、新聞は小さなニュースも取り上げるため情報のバランスが良い。

ア 新聞の欠点として、「文字と写真しかないため情報の真実味が薄れる」を、1文めに入れる。

イ 2文めの最後の「ため情報のバランスが良い」を取り去る。

ウ 2文めの「大事件の際などには視聴率を優先すべく」を取り去る。

エ 1文めの「号外といえども」を取り去る。

オ テレビの欠点として、「どの局をつけてもすべて同じニュースしか流されていない」を加える。

カ テレビの欠点として、「情報のバランスが悪い」を2文めに入れる。

パート⑤　要約力を身につける

●ポイント●

●まずは、全体の構造を整理する必要があります。

テレビ……メリット１。　また、メリット２。
　　　　　　〈一方〉
新　聞……デメリット１。　また、デメリット２。
　　〈しかし〉
テレビ……デメリット１。
　　　　　〈それに対して〉
新　聞……メリット１。

パート⑤ 6 要約文をレベルアップさせる②

① 次に示すのは、124ページの文章と、同じ文章です。この文章全体を、200字メソッドの型を用いて要約します。127ページの〈要約文〉の空欄を埋める形で考え、全体を書きなさい。

テレビのニュースでは、今起こっている出来事を生放送で知ることができ、速報性が高い。また、映像と音声があるため、ニュースの内容に真実味が増す。一方、新聞では、情報を手に入れられるまでに時間がかかる。「号外」といえども、テレビには劣る。また、新聞は文字と写真で伝えるしか方法がなく、情報の真実味が薄れる。

しかし、テレビにも欠点はある。大事件の際など、テレビではどの局をつけてもすべて同じニュースしか流されていないといったバランスの悪さが多々見られる。視聴率を優先すべく、大きなニュースを中心に取り上げるためだ。それに対して、新聞は、たとえ大事件があっても小さなニュースをないがしろにはしない。より多くの情報をバランス良く入手するには、新聞が適している。

●ポイント●

- いよいよ、最後の問題です。丁寧に取り組んでいきましょう。
- うまく書けなかった場合は、逆の操作で勉強しましょう。
解説に書かれているお手本をノートなどに書き写し、それらをパーツに分け、対比関係が整っていることを確認します。
そして、それぞれのパーツを色分けするなどし、本文の同じ部分にも同じ色で線を引きます。
こうすると、どこを捨て、どこを生かせばよかったのかが、視覚的に分かるようになります。

パート⑤ 要約力を身につける

〈要約文〉

テレビは□が高く、□によって□が、新聞は□が低く、□ため□。
一方、テレビは□ため、□が、新聞は□ため、□。

●ポイント●

- 実際に入る言葉の文字数は空欄の見た目よりも長いので、注意しましょう。
- 長い文章を整理するためには、接続語にマークするのがスタートラインです。125ページの「ポイント」に示す〈一方〉〈しかし〉〈それに対して〉のような、文頭に出てくる接続語はもちろんのこと、「といった」「ため」などのような、文中に出てくる接続語にも、注意深くマークしていく必要があります。

「みかん、バナナなどといった果物」→「といった」の前は〈具体〉、あとは〈抽象〉。
「寒くなった。窓を開けたためだ」→「ため」の前は原因、あとは結果。
　　　　　　　　　　「窓を開けたため、寒くなった」と置き換えられる。

「読解問題」への応用方法は、ズバリこれ！

ここで、骨組みとなる型を思い浮かべずに、いきなり思いつきで文章を書き出すと、他の受験生に勝てる答案からは、どんどん遠のいていきます。

まず、次の型を思い浮かべるのです。

> 「アはAだが、イはB。」

そうです、これは言うまでもなく、200字メソッドの一部です。

この型こそが、「骨組み」です。

これを真っ先に思い浮かべ、問題用紙の余白にメモすること。

これが、記述答案を作る際の、スタートラインです。

そして、AとBを、反対語または否定表現で埋めていきます。

適した反対語・否定表現が文章中にあればそのまま使い、なければ言いかえて使います。

ここから先は、パート5でおさらいしましょう。

また、8ページで紹介している本を使えば、より詳しい学習ができます。ぜひ、取り組んでみてください。

みなさんが苦労しているのは、作文や感想文ばかりではありませんね。そう、読解問題の「記述答案」が書けないのです。たったの50字〜100字程度なのに、手が止まってしまう。いったい、どうすればいいのでしょうか。

ここでも、64、96ページと同様、次の手順が何より大切になります。

> **まず骨組み！　次に肉づけ。**

ハイレベルな中学入試でよく出題される※次のタイプの設問を例に、考えてみましょう。

※具体的には、『高校受験［必携］ハンドブック　国語　読解［完全攻略］22の鉄則』（福嶋隆史著・大和出版）に、中学入試の例も含めて示しています。

> 「アとイは、どう違うのですか。説明しなさい」

解説

☆

自分の書いた文章の良し悪しを、自分自身でチェックできること。これが理想です。

しかし、もともと文章とは、他者にメッセージを伝えるために書くものです。やはり、誰かほかの人に読んでチェックしてもらうというのが、最も手っ取り早く文章を上達させるための方法であると言えます。

☆

解説を読み、「こんな上等な文章は書けない」と思うかもしれません。

そのときは、真似してください。

ためらうことなく、真似してください。

つまりは、書き写せばよいのです。

ただし、なるべくなら、「覚えてから」書き写しましょう。

「学び」の語源は、「真似び」です。

前半だけ、後半だけ、一部だけ。少しでよいので、覚えましょう。

このステップを入れるか入れないかが、上達の早さを左右します。

解説を十分に活用するために

ここからは解説です。文章をチェックするときの観点や、その他の注意事項を述べますので、よく読んで活用するようにしましょう。

チェックする際の最重要ポイント

それは、ひとことで言えば、「論理的かどうか」です。それを言いかえれば、「整理されているかどうか」です。整理されているかをチェックするためには、何かに迷うたびに4〜8ページの解説に立ち返り、「3つの力」の仕組みをおさらいすることが大切です。

中でも、200字メソッドで文章を書く際に最も大切になるのは、「対比の観点が統一されているかどうか」です。「水は2リットルだけど、ジュースは100円だ」などといった文が、メンバーのやる気が弱い「リーダーの責任は重いが、観点のバラバラな文章です。値段なら値段、責任の重さなら責任の重さ、というように、観点を1つに絞り込んだとき、初めて「対比している」と言えるのです。このことをいつも念頭に置いてください。

次に大切なのは、「因果関係がジャンプしていないか」です。これをチェックするには、2つの意識が有効です。1つは、「だから」で書いた文章を、逆からたどって「なぜなら」で読んでみることです。これだけでも、ジャンプしているかが分かることがあります。

もう1つは、「3歳年下の子に説明するつもりで考える」ということです。本当にこの「だから」は正しいのか。3歳年下の子にも、「なるほど」と言わせられるか。そう考える癖をつけると、原因と結果、根拠と結論がなめらかにつながるようになっていきます。

さらに、同等関係（抽象・具体の関係）をチェックする必要もあります。これは簡単に言えば、「絵に描きやすい表現」と「絵に描きにくい表現」との往復運動です。これらの意識を持ち、自らの文章を自らチェックできるようになれば、その「書く力」は本物であると言えるでしょう。

型と一致しているかどうか迷う場合

「ア」の「は」は、「主題」を意味します。必ずしも「主語」とは限りませんから、「が」で置きかえられなくてもかまわないということを、知っておきましょう。

主題の「は」は、「〜については」「〜について言えば」「〜の場合は」などと言いかえることができます。

「ポイント」欄で、「〜の場合、…」「〜だと、…」などといった部分をすべて「〜は」の型として表示しているのは、そういう文法上の根拠があるからであり、「は」が一致しなくても、気にする必要はありません。

また、「★」の場合、「ア は…」としている部分も、大きくとらえれば「ア は…」などとパーツを別にしている部分も、大きくとらえれば同じ意味であるとも言えます。

接続語の違い

対比関係を作る際の接続語には、伝わるイメージに少しずつ違いがあります。慣れないうちは、最も便利な言葉、「一方」を使いましょう。

A しかし B……A を否定し B を肯定するイメージが強い。
A 一方 B……A を否定するイメージは、やや弱い。
A それに対して B……A を否定するイメージが強い。
A でも B……会話調のイメージが強い。

因果関係を作る接続語にも、同様に違いがあります。

「だから」「そのため」「そう考えると」「その点では」な ど、いろいろありますが、読んでみて最も自然な感じの

する言葉を選ぶようにしましょう。

なお、「よりも」と「より」を厳密に区別する必要はありません。お手本でも、解説中の文例でも、区別は行っていません。単に言葉のリズムで選択しています。

客観性と独自性

何を書いてもよいような自由度の高い課題では、次の2つを基準に評価します。

〈客観性〉
10人中8人以上が納得する内容。

〈独自性〉
10人中2人以下しか思いつかない内容。

これらを両立できた度合いで、評価を決めましょう。

機械的な文章と生身の文章

「こんな機械的な文章で本当にいいの?」と思うことがあるかもしれませんが、それでよいのです。それが技術というものです。技術を十分に習得できたあとで初めて、「生身の文章」を書くことが許されます。それはいわば芸術です。まずは、技術的な文章をマスターしましょう。

その他

・パート1についての解説はありません。
・9ページなどで指示されている／(スラッシュ)や、接続語を示す◯は、解説内では省略しています。

パート②-1　34・35ページ

❶
〈1〉
一　きのうは晴れていたので、外で遊ぶことができた。
　　でも、今日は雨なので、外で遊ぶことができない。
二　きのうは晴れていたので、公園に人がたくさんいた。
　　でも、今日は雨なので、公園にあまり人がいない。

〈2〉
一　外で遊ぶことができない。
二　公園に人がたくさんいた。

A　B

❷
〈1〉
一　人間は生物なので、痛みを感じる。
　　しかし、ロボットは無生物なので、痛みを感じない。
二　人間は生物なので、命の危険のある災害現場などには入りにくい。
　　しかし、ロボットは無生物なので、命の危険のある災害現場などにも入りやすい。

〈2〉
災害現場などにも入りやすい。

一　痛みを感じない。
二　命の危険のある災害現場などにも入りやすい。

B　B

《評価》
❶ 「(外で)遊ぶことが)できた」↔「(外で)遊ぶことが)できない」といった否定表現、あるいは、「外で(遊ぶことができた)」↔「中で(遊ぶしかない)」といった反対語表現、いずれでも可。このように、「対比の観点」が統一されていれば、A。

パート②-2　36・37ページ

❶
バスは、一度に乗せることのできる客の数が多いため、料金を安くできる。
それに対して、タクシーは、一度に乗せることのできる客の数が少ないため、料金が高くなってしまう。

❷
バスは、発着場所と発着時刻が限られている。
しかし、タクシーは、発着場所と発着時刻が限られていない。

だから、バスよりもタクシーのほうが、予定外の移動が必要になったときに役立つ手段であると言える。

パート②-3 ●38・39ページ

❶「安くできる」↔「高くなってしまう」というように、プラス・マイナスの価値を入れることができればベストだが、単に「安くなる」↔「高くなる」でもよい。

〈評価〉指定された観点を使って、型どおりに文章化できていれば、A。

「旅をする」と言うと、一人で行くイメージがある。
一方、「旅行する」と言うと、何人かで行くイメージがある。

（別の例）
「旅をする」と言うと、一人で未知の場所へ行くイメージがある。
一方、「旅行する」と言うと、何人かで既知の場所へ行くイメージがある。

❷「後悔」は、ネガティブな感じがする。
それに対して、「反省」は、ポジティブな感じがする。

（別の例）
「後悔」は、主に、起きたことの「結果」に対して感情的に目を向けるものだ。
それに対して、「反省」は、主に、起きたことの「原因」に対して理性的に目を向けるものだ。

〈評価〉指定された観点を使って、型どおりに文章化できていれば、A。

パート②-4 ●40・41ページ

❶ クロールは、主に手で水をかくことで進む。
それに対して、平泳ぎは、主に足で水をけることで進む。

（別の例）
クロールは、主に手で水をかくことで進むものであり、スピードを出しやすい。

それに対して、平泳ぎは、主に足で水をけることで進むものであり、スピードを出しにくい。

一方、クロールは、泳いだ距離を途中でつかみにくい。だから、背泳ぎよりもクロールのほうが、落ち着いた気持ちで泳ぐことができる。

背泳ぎは、泳いだ距離を途中でつかみやすい。

〈評価〉
① 指定された観点を使って、型どおりに文章化できていれば、A。
② 2文めと3文めの因果関係がジャンプしていなければ、A。ややジャンプしていれば（急行列車※ならば）B。程度に応じて、C（※6ページ参照）。

パート②-5 ●42・43ページ

① (メモ欄の内容は省略)
懐中電灯を使うと、遠くまで照らすことができる。
一方、ろうそくを使うと、遠くまで照らすことはできない。

② (メモ欄の内容は省略)
小説は、言葉だけで伝えるため、読み手に想像力が求められる。

それに対して、マンガは、絵と言葉で伝えるため、読み手にさほどの想像力は求められない。

〈評価〉
② 右の文例は、想像力が必要であることをプラスと見るかマイナスと見るかで、このあとの結論が変化する。「(小説は) 誤解が生じやすい」などとすれば、小説をマイナス評価していることになる。これを書き手目線にすると、「誤解される可能性がある」などとなる。ほかにも、「(マンガは) 絵の細部を見落としやすい」といった内容も考えられる。

「難しい」「簡単」など、主観的・感覚的な内容の場合は、B。多くの人が納得できる内容になっていれば、A。

パート②-6 ●44・45ページ

① 映画館で映画を観る場合、終わった場面に戻すことはできない。

しかし、家で映画のDVDなどを観る場合、終わった場面に戻すことができる。

だから、映画館よりも家で観るほうが、ストーリーを正確につかむことができると言える。

❷日本人は、たとえば不満や感謝の気持ちを伝えるべき場面でも、はっきりと言葉にして伝えることは少ない。
しかし、西洋人は、そういった気持ちを相手に伝えるべき場面では、はっきりと言葉にして伝えることが多い。
そう考えると、日本人よりも西洋人のほうが、勘違いや誤解を減らすことができるはずだ。

〈評価〉よく起こるのは、「B」のパーツと「C」のパーツが同じになってしまうという間違いである。たとえば、❷ならば、「C」のパーツを「はっきりと言葉にして伝えやすい」などとしてしまうわけだ。「そう考えると」は因果関係を示す「だから」などと同じ働きを持つのであり、前後は当然ながら別の内容になっていなければならない。この点でミスした場合は、C。因果関係が「急行列車」ならば、B。納得できる関係性であれば、A。

パート②−7 ● 46・47ページ

❶予告した上で避難訓練を行う場合、緊張感は生じにくい。
一方、予告なしに避難訓練を行う場合、緊張感が生じやすい。
だから、予告なしに行うほうが、いざ本当に災害が起きたときには効果が出やすいだろう。

❷予告なしに避難訓練を行う場合、落ち着きが失われるため、避難の手順などが頭に入りにくい。
一方、予告した上で避難訓練を行う場合、落ち着いていられるため、避難の手順などが頭に入りやすい。
だから、予告した上で行うほうが、いざ本当に災害が起きたときには効果が出やすいだろう。

〈評価〉予告しないことをプラスにとらえ、と考えるか、逆にマイナスにとらえ、「落ち着きを失う」「緊張感」と考えるか。このあたりを対比的に考えることができれ

ば、①・②を同時に仕上げることができただろう。一定の因果関係さえあればB以上だが、そういったところに気づいている文章であれば、A。

パート②-8　●48・49ページ

① 授業中、ノートをとらずにいると、習ったことをあとから振り返りにくい。
一方、ノートをとっておくと、習ったことをあとから振り返りやすい。
だから、授業中にノートをとっておくほうが、あとあとのテストの点数が伸びるはずだ。

② 授業中、ノートをとることに集中しすぎると、要点をつかみにくくなる。
一方、先生の話を聞くことに集中していると、要点をつかみやすくなる。
だから、授業中には、ノートをとることに集中するよりも先生の話を聞くことに集中するほうが、成績向上につながるはずだ。

〈評価〉46・47ページと同様、1つのものごとのメリット・デメリットを同時に考えることができただろうか。①・②どちらも、「点数が伸びる・成績が向上する」との理由は何だろう、と逆にたどっていく力が試される。評価は、46・47ページと同様に決める。

パート②-9　●50・51ページ

① 地震は、いつごろ来るかを事前に知ることができないため、対策をとりにくい。
一方、台風は、いつごろ来るかを事前に知ることができるため、対策をとりやすい。
だから、地震より台風のほうが、被害が出たときの後悔は大きくなってしまうかもしれない。

② マンションに住むと、近隣住人に気遣いすべきことが多い。
一方、一戸建てに住めば、近隣住人に気遣いすべきことは少ない。
だから、マンションより一戸建てのほうが、落ち着い

て過ごせると言えるだろう。

〈評価〉

❶の文例は、「対策をとりやすいのに被害が出たら後悔する」という因果関係。❷は、本来は具体例がほしいところだ。「マンションに住むと、騒音はもちろんすれ違うたびのあいさつや、エレベーターのマナーなど、近隣住人に気遣いすべきことが多い」など、

❶・❷いずれも、「なぜなら」で逆にたどってみて、違和感なく読める内容になっていれば、A。そのときは、「イのほうがCだと言える。なぜなら、イは2なためBだからだ」と考えず、「イはCだ。なぜならBだからだ」というように、2を省きつつ全体を短縮して考えてみると、分かりやすい。

パート②-10 ● 52・53ページ

❶
★Aを肯定、Bを否定に

A （＋）決定を下すまでにあまり時間をかけずに済む。

B （ー）決定を下すまでに時間がかかってしまうことがある。

チームで何かを決める際、最終的にリーダー一人が決めるというルールになっていると、決定を下すまでにあまり時間をかけずに済む。

それに対して、最終的にメンバー全員の多数決で決めるというルールになっていると、決定を下すまでに時間がかかってしまうことがある。

だから、メンバーの多数決で決めるよりもリーダーが決めるほうが、次の目標に進むチャンスは広がるだろう。

☆Aを否定、Bを肯定に

A （ー）メンバーの不満が大きくなる可能性がある。

B （＋）メンバーの不満は少なく抑えられる。

チームで何かを決める際、メンバーの不満が大きくなるというルールになっていると、メンバーの不満が大きくなる可能性がある。

それに対して、最終的にメンバー全員の多数決で決めるというルールになっていると、メンバーの不満は少なく抑えられる。

だから、リーダーが決めるよりもメンバーの多数決で決めるほうが、メンバーの人間関係が悪くなることは少な

ないだろう。

《評価》「時間の観点」、あるいは、不満などの「心理的観点」でとらえるというのが、今回の突破口である。このあたりについては、91ページも参照してほしい。パーツ「A」とパーツ「B」との対比の観点を統一し、バランスよくくらべることができていること。そして、最後の文が、納得のいく内容になっていること。これらが、高評価の規準となる。では逆に、どういった場合に評価が低くなるのか。その具体例については、パート3で学習することになる。

パート②−11 ●54・55ページ

❶（メモ欄の内容は省略）

目標と夢は異なる。
目標は、実現までの時間が短い。
たとえば、水曜までに宿題を終えるというのが、その例だ。
それに対して、九〇点を取るなどというのが、今度のテストでそれに対して、夢は、実現までの時間が長い。
たとえば、将来はプロ野球選手になる、いつか世界中

を旅して回りたいなどというのが、その例だ。
そう考えると、目標よりも夢のほうが、持ち続けることの難しいものであると言えるだろう。

《評価》目標と夢、それぞれの具体例を2つずつ入れることができていれば、B以上。実現までの時間が長いものと短いもの、それぞれの例としてふさわしい内容ならば、A。

パート②−12 ●56・57ページ

❶（メモ欄の内容は省略）

「考える」と「思う」は異なる。
「考える」というのは、時間をかけていくつかの選択肢から一つを選ぶような理性の働きに近い。
たとえば、「左へ行こうか右へ行こうか、考える」「文章題の式を考える」などというのが、その例だ。
それに対して、「思う」というのは、間を置かずに一つの心情が生じるような感性の働きに近い。
たとえば、「今日はいい天気だなあ、と思う」「このケーキはおいしいと思う」などというのが、その例だ。

《評価》「時間をかけるか、かけないか」「選択するか、しないか」という抽象的観点を、分かりやすく具体化できていれば、A。半分程度なら、B。

パート②—13 ● 58・59ページ

❶《メモ欄の内容は省略》

大量生産では、たとえばコンビニに並んだ、形も大きさも重さも均一のおにぎり（など）のように、生産者の個性が表れにくい。

一方、少量生産では、たとえば弁当屋に並んだ、形や大きさや重さが均一ではないおにぎり（など）のように、商品に生産者の個性が表れやすい。

だから、大量生産よりも少量生産のほうが、商品に愛着を持ってもらいやすいと言えるだろう。

《評価》単に「手作りおにぎりのように」などと書いた場合は、B。一方、「形や大きさや重さが均一ではないおにぎりのように」などと書くと、個性が表れていることの具体的説明として適切。こういった書き方ができていれば、A。具体化への意識をはっきり持ちたい。

パート②—14 ● 60・61ページ

❶《メモ欄の内容は省略》

プロ（プロフェッショナル）というのは、たとえば、大会に出場して得られる賞金などを受け取るプロテニスプレーヤーや、授業料などを受け取って授業をしている塾講師などのように、それをすることで生活に必要なお金を得ている人、つまり、それを職業としていることを指す。

一方、アマ（アマチュア）というのは、たとえば、趣味でテニスを楽しんでいるだけのテニスプレーヤーや、ボランティアで地域の子に勉強を教えている人などのように、それをすることで生活に必要なお金を得ているわけではない人、つまり、それを職業としていない人（とくに趣味などでそれを行っている人）のことを指す。

《評価》右の文例のように、テニスのプロとアマ、講師のプロとアマ、などと統一すると、対比が明確になる。そのように書けていれば、A。そうでなくとも、プロ・アマそれぞれの具体例として適切ならば、B。

パート②-15 ● 62・63ページ

❶
(1)
★ いくら努力してもどうせ順位は上がらない
☆ 努力を続ければきっと運が味方して順位を上げてくれるだろう

悲観的なものの見方とは、たとえば、いくら努力してもどうせ順位は上がらない、などというように、ものごとを後ろ向きに暗くとらえることである。
それに対して、楽観的なものの見方とは、たとえば、努力を続ければきっと運が味方して順位を上げてくれるだろう、などというように、ものごとを前向きに明るくとらえることである。

(2)
★ 自分が暑く感じるのだから他人も同じだろう
☆ 室温が二八度を超えたら大勢が暑いと感じるはずだ

主観的なものの見方とは、たとえば、自分が暑く感じるのだから他人も同じだろう、などというように、自分中心の見方でものごとをとらえることである。
それに対して、客観的なものの見方とは、たとえば、室温が二八度を超えたら大勢が暑いと感じるはずだ、などというように、自分中心の見方を離れ、多くの人が納得するような見方でものごとをとらえることである。

《評価》悲観・楽観・主観・客観の意味をよくとらえていれば、B以上。「努力」「暑さ」など、統一した観点で具体化できていれば、A。

パート③-1 ● 66・67ページ

❶
(1) さいころを二回ふって、たとえば六・六などと出ると、とても低い確率のように思える。でも、たとえば二・五などと出ても、あまり低い確率のようには思えない。

(2) 班長くらいなら、あまり責任は重くない。しかし、クラス代表ともなると、責任が重い。

140

(3) ぼくは絵が苦手なので、紙芝居の文のほうを担当するよ。
でもきみは絵が得意なんだから、絵を担当してよ。
〜または〜
ぼくは絵が嫌いなので、紙芝居の文のほうを担当するよ。
でもきみは絵が好きなんだから、絵を担当してよ。

〈評価〉（1）「確率」という観点に気づき、正しく修正することができていれば、B以上。「とても」に対して「あまり」を入れるなど、パーツの数のバランスにも意識を向けることができていれば、A。
（2）「重さ」の観点で書けていれば、A。「あまり」に対応するパーツとして「かなり」などを入れるのはもちろんかまわない。ただし、こういったパーツは、いつも必要というわけではない。白と黒のような正反対の対比だけでなく、白と灰色、あるいは灰色と黒のようなワンセットの対比（6ページ参照）も多い。だから、文章の

意味を伝えるのに必要かどうかを考え、入れたり入れなかったり、調整するようにしたい。
（3）「苦手↔得意」と「嫌い↔好き」をごちゃまぜにしてしまうケースがよくある。これを解消できていれば、A。

パート③-2 ●68・69ページ

❶
（1）説明文は、語句や文が整理されており、意味をつかみやすい。
一方、詩は、必ずしも語句や文が整理されているとは限らず、意味をつかみづらい場合がある。
〜または〜
説明文は、語句や文が整理されている。
一方、詩は、必ずしも語句や文が整理されているとは限らない。

（2）たとえば五人の友だちにおみやげを買ってくる場合、日本人は、五人それぞれに同じおみやげを同じ数ずつ買

ってくることが多い。

それに対して、西洋人は、五人それぞれに異なるおみやげを、数もさほど意識せず買ってくることが多い。

だから、日本人より西洋人のほうが、個人に意識が向いていると言えるだろう。

〈評価〉それぞれ、パーツの数をそろえることができていれば、B以上。

（1）「意味をつかみづらい」と言い切るより、「意味をつかみづらい場合がある」とすべき。直前のパーツで「整理されていない」と断言しているならば、「つかみづらい」でも通じるが、「整理されているとは限らず」「場合がある」にとどめたほうがよい。ここまで考えられれば、A。

（2）「数」のパーツを入れることができていれば、B以上。69ページの「ポイント」に説明されているような点にも注意が向けられれば、A。

パート③-3 ● 70・71ページ

❶
（1）
口が笑っていても目が笑っていないと、それは本心からの笑顔とは言えない。

一方、口だけでなく目も笑っていれば、それは本心からの笑顔だと言える。

いわば、目は心の窓なのである。

（2）
〈修正方法①〉
制服は、自分らしさを出しにくい服装であり、楽しめない。

しかし、私服は、自分らしさを出しやすい服装であり、楽しめる。

〈修正方法②〉
制服は、毎日同じ服装をしていてかまわないため、楽だ。

しかし、私服は、毎日同じ服装をするわけにはいかないため、大変だ。

142

パート③-4 ● 72・73ページ

①
〈評価〉（1）2文目の述語を「言える」にし、それに合わせて、「作り笑い」を「本心からの笑顔」にする。これができていれば、B以上。さらに、「口だけでなく」を加えることでパーツの数をそれぞれられていれば、B以上。
（2）71ページの「ポイント」に書かれているように、制服と私服、片方をプラスにとらえることができていれば、B以上。

〈評価〉（2）70ページの内容を踏まえると、気づきやすかったかもしれない。感情が表れたもの、それが「表情」である。70ページでも扱ったように、目は心・感情を伝えるものだから、目が見えているかどうかがキーポイントとなるわけだ。このあたりに気づいて書けていれば、A。
なお、本来は、因果関係がジャンプしている（理由の説明不足である）ため修正が必要であるということに、自分自身で気づけなければならないということを、忘れないようにしよう。

①
電話では、表情を確認できないため、誤解が生じやすい。
一方、会話では、表情を確認できるため、誤解が生じにくい。

（2）
サングラスは目をおおうものなので、表情が分かりにくい。
一方、マスクは目をおおうことはないので、表情が分かりやすい。
だから、マスクよりもサングラスのほうが、周囲の人に警戒心を与えやすいと言えるだろう。

パート③-5 ● 74・75ページ

①
（1）
赤い光は心を興奮させる効果があるが、青い光は心を落ち着かせる効果がある。
だから、赤い光の多い場所にいるよりも青い光の多い場所にいるほうが、けんかは少なくなるはずだ。

（2）緑や赤のチョークで黒板に文字を書いても、あまり目立たない。一方、白や黄のチョークで黒板に文字を書くと、目立つ。だから、大切なことを強調して書くような場合には、緑や赤よりも白や黄のチョークで文字を書くほうがよいだろう。

パート③-6 ●76・77ページ

〈評価〉(1) 右の文例は、「心を落ち着かせる→だから→けんかは少なくなる」などと考えた文である。

(2) 右の文例は、「白や黄は目立つ→だから→強調する場合には白や黄がよい」などと考えた文である。

「だから」のあとが、10人中8人が納得するような内容であれば、B以上。さらに、10人中2人以下しか思いつかないような独自性が発揮されていれば、A。

② （□で囲んだ部分が①の文例に当たる）

漢字は一文字一文字に意味があるため、たとえば、同じ「みちこ」でも「道子」「満子」「美知子」などというように漢字で書き分けると、それぞれに特定の意味が感じられるようになる。

一方、ひらがなは一文字一文字に意味はないため、「みちこ」と書くだけならば、そこに特定の意味が感じられるということはない。

だから、名づける際にあえて特別な意味を持たせたくないときには、漢字よりもひらがなを選択するということがあってよいと思う。

そう考えると、漢字の名前にくらべてひらがなの名前のほうが安易につけられたものだと決めつけることはできないはずである。

〈評価〉次のように考えてみる。安易ではないというのは、よく考えているということだ。では、何を考えているのか。ひらがなの良さを考えているのだ。それは、特定の意味を消せるということだ。

ここまで考えれば、3文めをそれなりの内容にできたはずである。

「aだからb」のとき、aは因果関係の「前」、bは因果関係の「あと」である。72・73ページでは、因果関係

の「前」を考えた。一方、74・75ページでは、因果関係の「あと」を考えた。

そして今回は、「aだからc」の間にbを入れる課題、つまり、因果関係の「前後」を同時に考える課題だったわけだ。

なお、「だから」が連続すると読みづらいので、A 。両方がつながっている、あとだけがつながっているという場合は、B 。覚えておこう。

前だけがつながっている、あとだけがつながっている関係が連続する場合は、文例のように「そう考えると」などを用いるとよい。

パート③-7 ● 78・79ページ

①（メモ欄の内容は省略）

ひらがなは丸みを帯びているため、「ひと」「わさび」などのように、やわらかな印象を与える。たとえば、「ひと」は、人間味を感じる。「もち」は、つきたての感触がある。「わさび」は、あまり刺激がなさそうだ。

一方、カタカナは角張っているため、「ヒト」「モチ」「ワサビ」などのように、カタい印象を与える。「ヒト」は、動物の一種のように感じる。「モチ」は、お店で売っている四角い切り餅のようだ。「ワサビ」は、かなりツーンとする感じがする。

《評価》求められていなくても、「一方」をはさんで前後の具体例を対比にし、できるだけ観点を統一するよう意識することが大切。右の文例では「人間↔動物」「つきたてではない）四角い切り餅」「刺激がない↔ツーンとする」というように、さりげなく対比の観点が統一されている。ここを意識できていれば、A 。対比への意識が薄くとも、具体例になっていれば、B 。

パート③-8 ● 80・81ページ

①（メモ欄の内容は省略）

何か分からないことがあったとき、友だちにたずねる、先生に質問する、親に聞いてみる、といった他人に頼る方法は、必要な情報だけを素早く教えてもらえるというメリットはあるが、内容の客観性はやや低くなるだろう。

一方、辞書を引く、図書館で調べる、インターネットを検索する、といった自力で解決する方法は、必要でな

い情報も含まれる中から求める情報を選び出さなければならないというデメリットはあるが、内容の客観性は高まるだろう。

パート③-9 ●82・83ページ

① 省略

〈評価〉今回は、「他人に頼る⇄自力で解決する」といった外枠から決めると分かりやすかったはずだ。「自力で解決」という抽象的な表現が書けていれば、B以上。その具体例も適切であれば、A。

② 料理で大切なのは見栄えよりも味である、という意見がある。

しかし、実際には、見栄えも味も感覚的なものであり、見栄えによって味の感じ方が左右されることもあるはずである。

だから、料理を作るときは、味だけではなく、見栄えも大切にしたほうが、料理としての価値は高まると言える。

〈評価〉「しかし」でつないだとたん、機械的に述語（述部）を反対にして満足してしまう、ということがある。

その結果が、もとの文の──部である。

だが、今回は単純に「見栄えより味」か「味より見栄え」かという、極端な対比ではない。「味だけでなく見栄えも」という、傾きの弱い対比である。ただし、4対6くらいで見栄えに比重があるので、そこをうまく表現できるかどうかが試される。「見栄えと味は切り離せないんだから、見栄えが味に影響すること〝も〟あるでしょ」という発想に至るかどうか。このあたりがつかめていれば、A。

パート③-10 ●84・85ページ

① 〈メモ欄の内容は省略〉

多くの場合、笑うことは、その場にいる人々を明るい気持ちにさせる。

しかし、実際には、人を見下した笑いというものもあるため、その場にいる人々が逆に暗い気持ちになってしまうということもありうる。

だから、時と場合によっては、笑わないことを選択する必要があるだろう。

パート③-11 ●86・87ページ

まず「明るい⇔暗い」と考える。そして、笑うことでその場の人々が暗い気持ちになるのはどういうときか、考えてみる。すると、バカにしたような笑いが浮かんでくる。それを、「見下した」などとすれば、客観性の高い表現になるだろう。「暗い」ができていれば、暗い気持ちになる理由が客観的で分かりやすければ、A。

「好きなようにできるかどうか」「達成の喜びを分かち合う相手がいるかどうか」という観点で、それぞれを考えることができていればよい。

もちろん、1文めと全く異なる観点で2文めを作ることもできるが、そうすると、1文め・2文めの対比関係が弱まり、読み手にメッセージが伝わりづらくなる。その場合は、C。

あくまで関係整理の練習のつもりで、半ば機械的に取り組んでほしい。機械的な文章を意図的に書けなければ、生き生きした文章を意図的に書くこともできないのである。

❶（メモ欄の内容は省略）

仕事やスポーツにチームで取り組むと、自分の好きなようにはできず苦しい思いをすることもあるが、チームで一つの目標を達成したときに、その喜びを皆で分かち合うことができるという良さがある。

一方、チームではなく個人で取り組むと、自分の好きなように方針を決めて行動できるという良さはあるが、目標を達成したときに喜びを分かち合う相手がいないという寂しさもある。

〈評価〉87ページ「ポイント」のように考えることができていれば、A。空欄の半分だけが正しい場合は、B。

パート③-12 ●88・89ページ

❷

自転車　　　　　三輪車
1 タイヤが大きい ⇔ タイヤが小さい
　←だから　　　　←だから
2 ひとこぎで進める距離が長い ⇔ ひとこぎで進める距離が短い
　←だから　　　　←だから

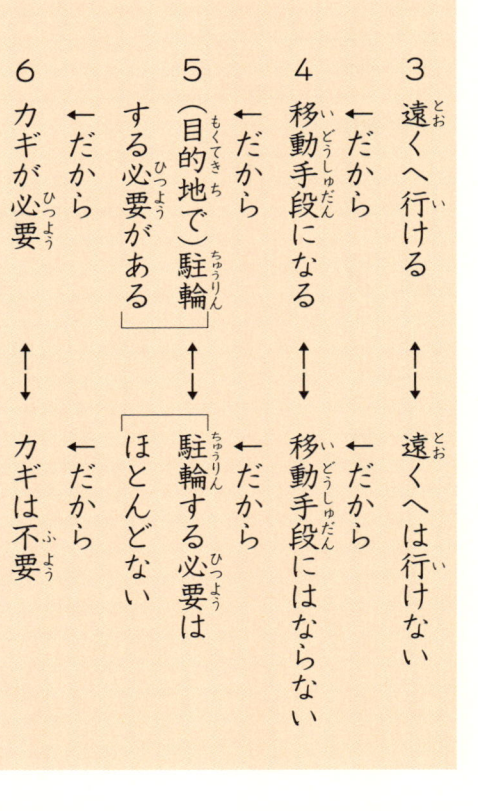

パート③-13 ●90・91ページ

❷
1 黒板
2 チョークで書く
3 縦書きできる長さが不十分である
4 記録に残しづらい

❸
1 模造紙
2 多くのことを書ける
3 同時に数人で書ける
4 情報を入れすぎてしまうことがある

↕ ノート
↕ 大きい　↕ 小さい
↕ 鉛筆やペンで書く
↕ 縦書きできる長さが十分にある
↕ 記録に残しやすい

↕ 画用紙
↕ 大きい　↕ 小さい
↕ あまり多くのことは書けない
↕ 同時には一人でしか書けない
↕ 情報を入れすぎてしまうことは少ない

3 遠くへ行ける　→　だから　←　遠くへは行けない
4 移動手段になる　→　だから　←　移動手段にはならない
5 (目的地で)駐輪する必要がある　→　だから　←　駐輪する必要はほとんどない
6 カギが必要　→　だから　←　カギは不要

《評価》因果関係（左右）と対比関係（上下）を同時に意識し、正しく書けていれば、A。因果関係が左右どちらかとつながらない、あるいは、対比関係が成立していない（観点が統一されていない）などという欄がある場合は、B以下。

86・87ページの解説で述べた「生き生きした文章」というのは、こういう技術によって、意図的に生み出すことができる。「自転車はタイヤが大きいが、三輪車はタイヤが小さい」だけだと「機械的な文章」に思えるが、今回挙げた相違点をすべて組み合わせて文章を書くならば、それは「生き生きした文章」に変身するはずである。

《評価》ほかにも、次のようなものが考えられる。

黒板　　　　　↔　ノート
持ち帰れない　　　持ち帰れる
公的（みんなのもの）↔　私的（個人のもの）

模造紙　　　　　↔　画用紙
壁などに貼るとき、　　壁などに貼るとき、
場所が限られやすい　　場所が限られにくい
コピー機などは　　↔　コピー機などを
使いづらい　　　　　　使いやすい

使う場面を想定した観点は、独自性の高い観点を導き出すための方法である。「空間」的観点（所要時間・速さ・期間など）でとらえることも、的観点（場所・距離など）や、「時間」的観点であるとも言える。また、「目的」的観点であれば、Aなどを映像を見くらべているような動的観点であれば、AAなどを目的・空間・時間の要素も含まれていれば、特別につけてもよいだろう。

パート③-14　●92・93ページ

❶

カレーライス　　カレーパン
1　具が大きく、温かい　具が小さく、冷たい
　　　↓だから　　　　　　↓だから
2　食感がよい　　　　食感がよくない

カレーライスは、具が大きく、温かいため、食感がよい。
でも、カレーパンは、具が小さく、冷たいため、食感がよくない。

❷

五〇メートル走　　　↔　一〇〇メートル走
1　途中で減速する　　　　途中で減速する
　　ことは少ない　　　　こともある
2　途中で追い越せる　↔　途中で追い越せる
　　可能性は低い　　　　可能性もある

五〇メートル走は、相手が途中で減速することは少な

く、追い越せる可能性は低いが、一〇〇メートル走は相手が途中で減速することもあり、追い越せる可能性もある。

だから、五〇メートル走より一〇〇メートル走のほうが、より速い相手に勝つチャンスの残る競技だと言える。

《評価》
❶「食感」というのは感覚であり、主観性が残るものだ。しかし、「具の大きさ」が歯ごたえ・舌触りを変えることや「温かさ」が味に影響を与えることは、誰もが経験的に知っている。そういった根拠を添えた上で「食感」という言葉を用いれば、そこに客観性が出る。そういった考え方ができていれば、A。

ほかにも、次のような内容が考えられる。「カレーパンは持ち運べるため、どこでも食べられる。一方、カレーライスは持ち運べないため、食べる場所が限られる」など。

❷「減速」は時間的観点、「追い越し」は空間的観点である。これらは、動的観点の例であるとも言える。こういった観点でとらえられていれば、A。

パート③-15 ● 94・95ページ

❶ b
❷ a
　電子レンジ ↔ 鍋
　金魚 ↔ 熱帯魚
❸
　(1) 雨・雪
　(2) 病院
　(3) けんか・いじめ

《評価》
❷ aは、「温める道具」という共通点も考えられる。bは、「小さなペット」という共通点ならば、フライパンなども考えられる。bは、「小さなペット」という共通点ならば、意味が近いというものであれば、A。
❸ 正解数3つはA、2つはB、1つ以下はC。

パート4では、自由度の高い内容になるため、具体的な評価の規準は省略します。131ページの記載内容に従って、A〜Cの評定をつけてください。

パート④-1　98・99ページ

❶（メモ欄の内容は省略）

宅配ピザは、作っている人の顔が見えないため、物としてだけでなく心としても、どこか冷めた感じがする。

一方、レストランで食べるピザは、作っている人の顔が見えることが多いため、物としてだけでなく心としても、どこか温かい感じがする。

だから、宅配ピザよりもレストランで食べるピザのほうが、単なる味の違いを超えた味わいを感じられるものだと思う。

レトルトカレーは、必ずしもおいしいとは言えないけれども、ちょうど一食分の量が用意されているというメリットがある。

一方、自宅で作るカレーは、おいしく作ることはできるけれども、どうしても量が余ってしまいやすいというデメリットがある。

だから、カレーを作って食べるよりもレトルトカレーを食べるほうが、無駄なく食べたい一人暮らしの人などには、向いていると言える。

〈詳しく〉「自宅で作るカレー」は、「カレーを自宅で作る場合」などとしてもよい。

既製の品と手作りの品、あるいは大量生産品と少量生産品の違いを考えるときは、いつも双方のメリット・デメリットを同時に考えるようにしたい。右に書かれていない価値観も、考えておくようにしよう。

パート④-2　100・101ページ

❶（メモ欄の内容は省略）

テレビでニュースを知る場合、多くの人が興味を持つような大きなニュースを中心にした番組構成になっていることが多いため、複数の番組を見ても結局同じような情報ばかりを得る結果になりやすい。

一方、インターネットでニュースを知る場合、少数の人しか興味を持たないような小さなニュースに出あうことも容易なため、複数のサイトを見るとその分だけ異なった情報を得られる結果になりやすい。

だから、テレビよりインターネットのほうが、知識を豊かにすることができるはずだ。

ラジオでスポーツ中継を聞く場合、そこには音声の情報しかないため、競技場における選手の様子などをあれこれと想像しながら聞くことが多くなる。

一方、テレビでスポーツ中継を見る場合、そこには映像の情報があるため、競技場における選手の様子などを想像しながら見るということは少なくなる。

だから、ラジオよりもテレビのほうが、事実に近い情報を得やすい一方で、想像する楽しみは失われやすいと言えるだろう。

分からないことを図書室の本で調べる場合、見つかった情報が、一〇年、二〇年単位の古い情報であることも多いため、情報の新しさが必要な場合には、あまり役立たないことが多い。

一方、分からないことをインターネットで調べる場合、見つかった情報が比較的新しい情報であることのほうが多いため、情報の新しさが必要な場合も、それなりに役立つことが多い。

だから、図書室の本よりもインターネットで調べるほうが、時代に即した判断材料が見つかると言えるかもしれない。

《詳しく》図書室の本のほうが、むしろ時代に即した判断材料になり得るという考え方もある。温故知新という言葉があるように、古いものの中にこそ未来へのヒントが隠されているものだ——このように、いつも逆の価値観を同時に考えてみることを忘れないようにしよう。

パート④-3 ● 102・103ページ

❶ （メモ欄の内容は省略）

失敗のある一日というのは、何かに挑戦した一日であると言えるため、誇れるものである。

一方、失敗のない一日というのは、特に挑戦をしなかった一日であるとも言えるため、誇れるとは言えない。

だから、失敗のない一日よりも失敗のある一日のほうが、あとで振り返ったときに、自信につながる記憶としてよみがえるだろう。

パート④-4 ● 104・105ページ

新しい方法を試すと失敗する可能性が高いため、それを選ぶのは勇気ある行動だと言える。

一方、今までの方法で行うと失敗する可能性は低いため、それを選ぶのは勇気ある行動だとは言えない。

そのため、新しい方法を採用したというだけでほめたたえられてしまう傾向があるが、大切なのは方法の先にある目的が達成されるかどうかだから、そこを見失わないようにしなければならない。

〈詳しく〉こんな抽象的でハイレベルな書き方はできないよ、と思うかもしれない。それならそれでよい。そうか、こういう書き方もあるんだな。真似をすればよい。真似したいな。そう思えるお手本としての価値が高まるよう、この本は作られている。

① （メモ欄の内容は省略）
休み時間は自由なものであり、だからこそ、何をすればいいか迷ってしまうことがある。

パート④-5 ● 106・107ページ

一方、授業時間は不自由なものであり、だからこそ、何をすればいいか迷うことは少ない。そう考えると、休み時間より授業時間のほうが、気が楽であると言えるはずだ。

常識的には、恐竜時代と現代はあまりに時が離れているため、つながっていないように思える。

しかし、実際には、現代に存在する鳥の祖先は恐竜であるなどとも言われており、両者は目に見える形でつながっているとも言える。

その意味で、恐竜時代はゴジラなどファンタジーの世界とは異なる、リアルな世界なのだと言えるだろう。

① （メモ欄の内容は省略）
隣のクラスのケンタとは話したこともほとんどなく、遠い関係にあった。
ところが、クラス替えでケンタと同じ教室になり、よく話すようになってからは、近い関係になった。

そういうわけで、今はケンタを親友だと思っている。

塾での人間関係は、そこにいる他の生徒たちのフルネームや学校名も互いに知らないような、形式的なものであることが多い。

一方、学校での人間関係は、そこにいる他の生徒たちのフルネーム、得意なスポーツ、あるいは性格に至るまで、いろいろなことを互いに知っているような、実質的なものであることが多い。

その点では、塾よりも学校のほうが、好き嫌いがはっきりし、閉じた人間関係になりやすいと言えるだろう。

〈詳しく〉「隣のクラスのケンタとは/話したこともほとんどなく/遠い関係にあった」。これが、「アは1なためAである」。「よく話すようになってからは/近い関係になった」。これが、「2なため/Bである」。よく話すようになった、だから、関係が近づいたということだ。「クラス替えでケンタと同じ教室になり」は、「よく話すようになった」ことの理由であり、補足的パーツ。「ア」は、前後の文で同じであるため、省略。

少し複雑に思えるかもしれないが、そんなことはない。慣れてくれば、省略すべきところを意識的に省略し、補足すべきところを意識的に補足できるようになる。大切なのは、「意識的に」ということだ。「あ、このパーツが抜けるけど、省略したほうが読みやすいよな」「あ、このパーツが余分だけど、補足したほうが分かりやすいな」などと、自ら意識できるかどうか、ということである。

パート④-6 ●108・109ページ

❶〈メモ欄の内容は省略〉

教師は、より高い知識・技能を身につけさせ、人として成長させる、人をゼロからプラスへと導くような仕事が多い。

一方、医師は、怪我や病気から人を回復させ本来の健康な状態に戻す、人をマイナスからゼロへと導くような仕事が多い。

そのため、教師より医師のほうが、目標に到達できなかったときに責任を感じざるを得ない仕事であると言えるだろう。

というのも、教師の仕事にはゴールが見えないが、医

師の仕事にはゴールが見えるからである。

パート④‐7●110・111ページ

❶〈詳しく〉右の文例では、2文めと3文めの因果関係がややジャンプしている。3文めを読んだとき、「ん？なぜ？」と感じるということだ。そのため、4文めを加え、補足説明をしているわけである。

パート⑤‐1●114・115ページ

❶〈メモ欄の内容は省略〉

何かの課題に取り組む際、時間を無制限にすると、集中力が欠けてしまい、思ったほど成果が上がらないということがある。

一方、時間を制限すると、集中力が高まり、思った以上の成果が上がるということがある。

だから、適度な時間制限をつけるのは、効率的で賢明な選択であると言えるだろう。

---

❶〈メモ欄の内容は省略〉

晴れは良い天気だと思う人もいるが、悪い天気だと思う人もいる。

一方、雨は悪い天気だと思う人もいるが、良い天気だと思う人もいる。

だから、天気予報を伝える人は、良い・悪いといった価値観を表現することをひかえたほうがよい。

〈評価〉3文めは、抽象化を示す表現である。たとえば、「コーヒー、紅茶などという飲み物」のとき、「コーヒー、紅茶などという飲み物」の〈具体〉、「飲み物」は〈抽象〉である。この〈具体〉をカットする（あるいは言いかえる）のが要約（抽象化）である。だから、今回の3文めの場合も、「良い天気になるでしょう」「悪い天気です」「良い・悪い」と短く言いかえるか、丸ごとカットするか、どちらかになる。

なお、「ただ『晴れるでしょう』『雨が降るでしょう』と言うだけにし」の部分を、「ただ予報を伝えるだけにし」などと抽象化してつけ加えても可。

こういった抽象化の考え方が反映されていれば、A。

パート⑤-2 ● 116・117ページ

❶（メモ欄の内容は省略）

西洋人は、相手と意見の違いが生じても感情に流されないため、建設的に議論できることが多い。一方、日本人は、相手と意見の違いが生じると感情に流されるため、建設的に議論できないことが多い。

〈評価〉パーツは次のようになる。

1・2……感情に流されない・流される
A・B……建設的に議論できる・できない

そして、1・2それぞれの中に、「相手と意見の違いが生じたとき」という観点を加える。

1・2およびA・Bが整っていれば、「相手と意見の違いが生じたとき」という観点が入っていれば、Aに。ただし、片方だけに余計なパーツがあるなど、対比のバランスが崩れている場合は、Bに下げる。

以上。さらに、本文中の「新しいステップへ進める」を「A」のパーツとして入れたかもしれない。これは、「建設的」＝「現状をよりよくしていく、前向きな様子」と似た意味

であるから、そこに吸収させるほうが書きやすい。もちろん、「新しいステップへ進むための議論をしやすいかどうか」などと観点が統一されていれば、問題はない。

パート⑤-3 ● 118・119ページ

❶
動物は、時間と空間を超越する想像力を持たないため、苦悩を味わうことはない。

しかし、人間は、時間と空間を超越する想像力を持つため、苦悩を味わうことがある。

だから、私たちは、苦悩から解き放たれるために、ときには意識的に、未来や過去、あるいは他の場所を想像することをやめる必要があるのかもしれない。

〈評価〉まず、パーツ「1」「2」を決めていく。次に、2段落めの「ところが」の前後を抽象化することで、3段落めの「こういった力があるからこそ」に注目する。ここから先が、パーツ「A」「B」に当たる。そして、4段落めがパーツ「C」となる。これが、要約の全体の手順だ。

本文では、人間が苦悩を味わうことについては書いてあるが、動物が苦悩を味わわないことについては書いていない。しかし、必然的にそういうことになるはずなので、書き加えてよい。また、「閉じこもる」というのは比喩的なので、「想像することをやめる」などと言いかえる（抽象化）。

「1・2」「A・B」の各パーツが、「想像力の有無」「苦悩の有無」という統一された観点でそれぞれ抽象化できていれば、「A以上。」「C」も抽象化できていれば、AAなどを特別につけてもよい。

パート⑤-4 ● 120〜123ページ

① （メモ欄の内容は省略）

アヤコは、初めのうちは、友だちの人数が少ないことを気にしていた。ところが、あとになると、友だちというのは人数よりも心なのだと思うようになった。こうした変化のきっかけは、失敗や成功をユリと共有する体験だった。

②

（1）家が近いからという理由で、友だちとして関わってきた子が五人いる。

（2）その中で、困ったときに助け合える仲だと思える子は、二人ぐらいだと思った。

《評価》

① 「友だちの人数が少ないことを気にしていた」の部分は、厳密には、「友だちというのは人数が大切なんだ」となるが、お話の中でそこまで言い切っているわけではないので、「気にしていた」程度にとどめるのが自然だろう。

友だちというものに対する価値基準が、「人数」から「心」、もっと言えば「形式」から「実質」へと変わったお話である。

そのあたりをつかんでまとめることができていれば、「形だけ↔中身」といったレベルまでたどりつかなくとも、「形式↔実質」までたどりつくことができていれば、AAを特別につけてよい。

② つい、変化のきっかけまで書きたくなるが、今回はそこまで書かずとも、Aでよい。

なお、このストーリーは「友だちは量より質」という

パート⑤-5 ● 124・125ページ

① イ・オ

お話だったが、反論も当然あり得る。一般に、「量より質」という言い分には、逆説が成り立つことも多い。「質より量」である。最初から親友なんてできるはずがないのだから、「仮の友だち」のような人と何人も積極的に関わってみることこそが、まずは大切なのではないか、といった言い分には、一理ある。だから、それを具体化した内容であっても、かまわない。

読書感想文と言うと、とかく、もとのお話に「共感」せねばならないという空気があるが、「反感」を覚え、その根拠として自分の体験を挙げるのでも、まったくかまわないということだ。

《評価》正解以外を選んだ場合も、正解が少なかった場合も、C。完全に正解したときのみ、A（ただし、学年によっては、惜しい答えにBをつけるなどしてもよいだろう）。

さて、「直す必要のある要約文」を、次のようにパーツ分けしてみる。

〈一方〉
テレビは
a 速報性が高く
b 映像と音声によって／c 情報の真実味が増すが
新聞は
d 号外といえども速報性が低くなる

テレビは
e 大事件の際などには視聴率を優先すべく
f 大きなニュースを中心に取り上げるが
新聞は
g 小さなニュースも取り上げるため
h 情報のバランスが良い

まず、ふさわしい（解答として選ばない）ア・ウ・エ・カを確認する。

ア「新聞の欠点として、『文字と写真しかないため情報の真実味が薄れる』」を、1文めに入れる」は、図のb・cとの対比が整うので、正しい。

ウ「2文めの『大事件の際などには視聴率を優先すべく』を取り去る」は、具体的説明をカットする意味で、

158

正しい。この部分を残すなら、これに対比する説明、たとえば、「たとえ大事件でも読者数を優先せず」などを入れる必要があるが、そんなことは書かれていないので、入れられない。

エ「1文めの『号外といえども』を取り去る」も、具体的説明をカットする意味で、正しい。この部分は、新聞の速報性の低さを強調する補足説明にすぎない。

カ「テレビの欠点として、『情報のバランスが悪い』を2文めに入れる」は、hとの対比を整えるためにもちろん欲しいパーツであり、正しい（次のイの説明も参照）。

さて次に、ふさわしくない（解答になる）イ・オだ。

イ「2文めの最後の『ため情報のバランスが良い』を取り去る」は、文章の骨組みとなる述語（述部）のパーツ（200字メソッドの「A・B」のパーツ）を取り去ることになるので、正しくない。

オ「テレビの欠点として、『どの局をつけてもすべて同じニュースしか流されていない』を加える」は、具体的説明を加えることとなるので、正しくない。このパーツは、抽象化の働きを持つ「といった」の前にあるので、〈具体〉である。「バランスの悪さ」の具体例にすぎない。

パート⑤-6 ● 126・127ページ

❶
テレビは速報性が高く、映像と音声によって情報の真実味が増すが、新聞は速報性が低く、文字と写真しか使えないため情報の真実味が薄れる。一方、テレビは大きなニュースばかりを取り上げるため、情報のバランスが悪いが、新聞は小さなニュースも取り上げるため、情報のバランスが良い。

〈評価〉文章をパーツに分け、それぞれの対比関係が整っているかどうかでチェックする。3分の2ほど整っていれば、B以上。あとは前項の問題でほぼ説明し終えた。

【著者略歴】

福嶋隆史（ふくしま たかし）

1972年 横浜市生まれ
ふくしま国語塾 主宰
株式会社横浜国語研究所 代表取締役
学歴：早稲田大学第二文学部を経て創価大学教育学部（通信教育部）卒業
所属：日本リメディアル教育学会／日本言語技術教育学会／日本テスト学会
著書多数：
　代表作（大和出版）
　・『「本当の国語力」が驚くほど伸びる本』
　・「ふくしま式」問題集シリーズ
全著書一覧：yokohama-kokugo.jp/books/
著者YouTube：youtube.com/@fukukoku

全著書一覧　　アマゾン著者ページ　　YouTube

ふくしま国語塾

・通塾生、オンライン生募集中！（通年で入塾可）
・2006年創設　　・対象：小3～高3
・JR横須賀線 東戸塚駅 徒歩2分
・サイト yokohama-kokugo.jp/

ふくしま国語塾

作文・感想文・記述式問題 etc.
ふくしま式200字メソッド「書く力」が身につく問題集〔小学生版〕

2015年3月7日　　初版発行
2025年9月14日　　24刷発行

著　者……福嶋隆史
発行者……塚田太郎
発行所……株式会社大和出版
　東京都文京区音羽1-26-11　〒112-0013
　https://www.daiwashuppan.com
印刷所／製本所……日経印刷株式会社

本書の無断転載、複製（コピー、スキャン、デジタル化等）、翻訳を禁じます
乱丁・落丁のものはお取替えいたします。定価はカバーに表示してあります
Ⓒ Takashi Fukushima　2015　　Printed in Japan　ISBN978-4-8047-6251-7